Volker Friebel

Entspannungsgeschichten vom Wolkenschloss

Edition *Blaue Felder*

Edition *Blaue Felder*,
Denzenbergstraße 29, 72074 Tübingen (Deutschland)
www.Blaue-Felder.de

Texte, Illustrationen und Gestaltung: Volker Friebel
Veröffentlichung: August 2019

ISBN PapierBuch: 978-3-96039-027-5
ISBN eBuch, epub-Format: 978-3-96039-028-2

Inhalt

Einführung **5**

Die Geschichten **9**

Das Wolkenschloss 9
Der kleine König hat Angst 13
Wer etwas wagt 16
Die Dracheninsel 17
Grünenstein 20
Silas, der Bär 21
Das Schiff und die Insel 25
Die Theaterleute 29
Glückskleeblatt 32
Tim, das Eichhörnchen 33
König Xaver ist krank 37
Das Gute 40
Zu viel 41
Die Quelle im Wald 45
Frisch und klar 48
Klasse 2 im Zauberwald 49
Schneckensalat 53
Danke 56
Baumeister Stern 57
Für den Koch unterwegs 61
Die Bienen 64
Der Astronom 65
Mit Schummelfix am See 69
Im Garten der Amseln 73
Der blaue Ball 77
Blauer Ball, roter Ball 80
Die Hirtin der Ziegen 81
Lied der Ziegenhirtin 84
Flügelwelt 85
Das blaue Buch 89
Grünenstein und die Langeweile 93
Langeweile 96
Im Land der Schmetterlinge 97
Kapitän Sturm 101
Ein Stein für den König 105

Zu Buch und Autor **109**

In Normalschrift: Geschichten.
In Schrägschrift: Verse.

Einführung

Stress, Konzentrationsmangel, Unachtsamkeit, Unruhe, auch psychosomatische Beschwerden treffen längst nicht mehr nur Erwachsene, sondern bereits Kinder.

Was hat sich bei Erwachsenen dagegen bewährt? Meditation und Entspannung. Die gibt es angepasst auch für Kinder. Außerdem aber und sehr erfolgreich sind bei Kindern Entspannungsgeschichten.

Denn Kinder hören gern Geschichten. Weshalb also nicht diese nutzen, um für Kinder auch etwas zur Entspannung zu tun?

Entspannungsgeschichten unterscheiden sich von „normalen" Geschichten. Sie sollen natürlich entspannend sein. Aufregung sollte deshalb nicht im Vordergrund stehen – und wenn doch, dann um Möglichkeiten einzuführen, mit Stress, Ruhelosigkeit, Konzentrationsproblemen umzugehen.

So geschieht das in den Geschichten vom Wolkenschloss. Wir erleben etwas und lernen dabei ganz nebenbei Möglichkeiten zur Bewältigung von Stress kennen, Möglichkeiten herunterzukommen, ruhiger zu werden – oder Möglichkeiten, uns besser zu konzentrieren, um achtsamer zu sein.

Solche Geschichten fördern interessanterweise auch Fantasie und Kreativität. Vielleicht weil diese am besten in einer entspannten Atmosphäre gedeihen. Und die Resilienz wird gefördert, die Widerstandskraft gegen Belastungen.

Entspannungsgeschichten für Kinder haben sich weit verbreitet. Anfangs waren sie dafür gedacht, ein konventionelles Entspannungsverfahren wie das Autogene Training oder die Progressive Muskelrelaxation für Kinder vorzubereiten oder zu verlängern. Das kann auch heute noch ihre Aufgabe sein. Man erkannte aber bald ihren eigenständigen Wert für die Entspannung von Kindern.

Über das Einflechten von Entspannungsmomenten in die Geschichten werden auch Kinder erreicht, denen solche Entspannungsweisen bisher unbekannt waren. Und die Themen von Geschichten können um Entspannung kreisen, können Kindern zeigen, wie sich Entspannung herstellen lässt.

In Entspannungsgeschichten lassen sich weitere Elemente einbauen, nämlich *Merksprüche*, eine Anleihe aus der Vorsatzbildung des Autogenen Trainings für Erwachsene. ‚Mit Mut geht's gut' oder ‚Konzentriert geht's wie geschmiert' sind zwei besonders bekannt gewordene Merksprüche. Das Kind soll sich den Merkspruch, der ihm am hilfreichsten erscheint, zu eigen machen und in Stress-Situationen tief in sich hinein sagen – am besten, während es sich entspannt.

In den Geschichten wird außerdem immer wieder Natur dargestellt. Es hat sich nämlich gezeigt, dass der Umgang mit Natur, auch bereits von Natur in Geschichten, zur Entspannung beiträgt und seelische sowie körperliche Gesundheit unterstützt.

Dieses Buch enthält eine Serie mit 25 Geschichten, die *Entspannungsgeschichten vom Wolkenschloss*. Diese eignen sich gut für Vorschul- und Grundschulalter. Die Geschichten können als eigenständige Entspannung vorgetragen werden. Dann werden sie gelesen, so wie sie unten aufgeführt sind.

Der Rahmen unserer Geschichten bleibt immer ähnlich, mit einer Einführung, dem Wolkenschloss, und mit dem blauen Sofa gegen Ende der Geschichte, auf dem wir eine Entspannung durchführen.

Gleich bleibende Elemente sind wichtig für die Entspannung, sie beruhigen und geben Halt über die Vertrautheit, die das Bekannte vermittelt.

Die erste Geschichte führt das Wolkenschloss ein. Ansonsten bauen die Geschichten nicht aufeinander auf, können also nach dieser Einführung auch in anderer Reihenfolge gelesen werden.

Der Entspannungsteil gegen Schluss jeder Geschichte sollte besonders langsam und mit Pausen gelesen werden. Am besten beginnt die Verlangsamung beim Sprechen bereits etwas vorher, am Beispiel der ersten Geschichte bei *„Ihr legt euch auf das große blaue Sofa im Burghof. Du schließt deine Augen."*

Im Anschluss an den Entspannungsteil kommt die Rücknahme der Entspannung. Das ist wichtig, wenn anschließend wieder etwas Aktiveres gemacht werden soll. Wird die Entspannungsgeschichte dagegen abends im Bett vor dem Schlafen gelesen, entfällt das und die Geschichte endet mit dem Entspannungsteil – und einem guten Schlaf.

Die Entspannungsgeschichten lassen sich in dieser Weise einzeln verwenden. Sie können auch an das Autogene Training oder die Progressive Muskelrelaxation für Kinder angehängt werden. Dann wird zuerst das Autogene Training oder die Progressive Muskelrelaxation durchgeführt und vor der Rücknahme der Entspannung die Geschichte gelesen. Der in den Geschichten vom Wolkenschloss am Ende *kursiv* gesetzte Textteil entfällt dann einfach.

Die Verbindung mit dem Autogenen Training oder der Progressiven Muskelrelaxation muss nicht sein. Der Entspannungsteil am Ende jeder Geschichte erfüllt auch diesen Zweck.

Wenn die Geschichten selbstständig verwendet werden, ohne zusätzliches Entspannungsverfahren, wie lassen sie sich dann am besten einsetzen?

Überlegen Sie, wann am Tag die beste Gelegenheit für die Geschichten vom Wolkenschloss ist. Oft ist das die

Gutenachtzeit. Kinder genießen es, wenn ihnen noch etwas vorgelesen wird oder wenn sie selbst noch etwas lesen.

Die Entspannung kann unterstützt werden, wenn etwa eine Ruhe-Kerze (beispielsweise ein Teelicht) entzündet wird. Das ist dann Signal, dass etwas Besonderes folgt.

Vielleicht haben Sie mit Ihrem Kind auch ein anderes Signal für den Beginn der Entspannung.

Eine weitere Möglichkeit für die Entspannungsgeschichten wäre vor den Hausaufgaben. Es hat sich nämlich gezeigt, dass Entspannung die schulische Leistung unterstützen kann, durch Verbesserung der Konzentration.

Entspannungsgeschichten sind eine ausgezeichnete Weise, Entspannung kindgerecht zu ergänzen oder ganz in Geschichtenform durchzuführen. Ich wünsche, dass die Geschichten auch Freude machen, denn damit erst wird die Entspannung vollkommen.

Volker Friebel

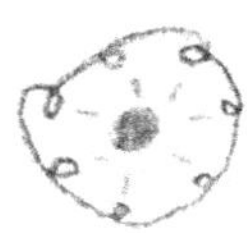

Die Geschichten

Das Wolkenschloss

Stell dir vor, du liegst auf einer weiten Wiese und hast die Augen geschlossen. Gras wiegt im Wind. Vögel singen. Du spürst die Ruhe in dir ... Dein Atem geht ein und aus, ein und aus, ganz ruhig und gleichmäßig, ganz von allein ...

Ein Windhauch weht über dein Gesicht – und schon tanzt ein Schmetterling vor deiner Nase. Auf und ab, hin und her – du meinst fast, dass er dir zuzwinkert.

Jetzt flattert er davon. Und schaut zurück, ob du ihm folgst.

Du gehst hinter dem Schmetterling über die Wiese. Vor dir bilden sich Wolken, wie Stufen. Die unterste schwebt dicht über dem Gras. Auf der obersten erhebt sich das Wolkenschloss.

Der Schmetterling flattert weiter, die Wolkenstufen hinauf, dem Schloss zu.

‚Mit Mut geht's gut', sagst du tief in dich hinein.

Du gehst die Stufen zum Wolkenschloss. Das Tor steht weit offen. Du trittst ein. Trompeten schmettern.

„Willkommen!" Im Schlosshof der kleine Mann trägt eine Krone. In den Händen hält er eine goldene Gießkanne. „Ich bin der kleine König Ferdinand. Willkommen im Wolkenschloss!" Er blinzelt dir freundlich zu. „Wenn du Ruhe und Kraft brauchst, hier findest du sie. Du kannst immer hierher kommen, so oft du willst. Schau dich um! Mieze, meine königliche Vertraute, wird dich begleiten."

Der kleine König deutet auf eine Katze neben sich. Sie ist ganz weiß, bis auf die großen grünen Augen. Sie gähnt. Der kleine König gießt das letzte Gänseblümchen des Rasens und verschwindet in seinen Gemächern.

Mieze führt dich durchs Schloss.

Zuerst besucht ihr die Küche, wo der Koch gerade eine Suppe für den König zubereitet. „Hinaus, hinaus, sonst kocht sie über!", ruft er, als Mieze kosten will.

Im Verlies wirbelt Staub. „Leider steht es leer, seit das letzte Gespenst ausgewandert ist", schnurrt Mieze. „Ich hoffe, es kommt zurück."

Ihr schaut in die Schatzkammer – da erhebt sich ein Drache von einer offenen Truhe. Er blinzelt mit seinen Lidern und öffnet das Maul. Lodert da nicht eine Flamme in seinem Rachen? Schnell schließt du die Tür wieder.

Mieze schnurrt. „Das war Fridolin, der Schlossdrache. Die Schatztruhe ist sein Lieblingsplatz."

Im Rosengarten schneidet gerade Esmeralda, die Nichte des Königs, mit ihren Freundinnen alle Blüten ab. Scheren klappern. Die Mädchen kichern dabei. „Das gibt Rosenblütentee", schnurrt Mieze. „Igitt-igitt – aber die Königin liebt ihn."

Das Bild eines Segelschiffs hängt über einer Tür. „Da wohnt Kapitän Sturm", schnurrt Mieze. „Einst fuhr er über alle sieben Meere. Nun hat er sich im Wolkenschloss zur Ruhe gesetzt. Vielleicht besuchen wir ihn mal."

Im Rittersaal bestaunst du die Waffensammlung. Die Schwerter und Schilde, die Lanzen und Rüstungen sind klein. Du fragst Mieze nach den großen Trichtern, die an den Wänden hängen.

„Das sind Wolkenbläser", schnurrt sie. „In früheren Zeiten wurden damit feindliche Wolkenburgen abgewehrt. Du bläst hinein, die Trichter verstärken deinen Atem, der Sturm treibt die Wolkenburgen davon."

Ihr steigt auf einen der Türme und schaut auf das Wolkenmeer. Mieze zeigt dir die Stufen hinab in die blauen Länder. „Dort gibt es manche Abenteuer", schnurrt sie.

Du siehst ein Land, in dem die Blätter der Bäume durchsichtig sind, wie Glas, und der Wind lauter Lieder tönt.

Du siehst ein Land, in dem es nirgendwo Straßen gibt und die Menschen mit Federschwingen fliegen.

Du siehst ein Land, in dem die Tiere die Herrschaft übernommen haben und ein Schmetterling König ist.

Ihr steigt die Stufen des Turmes wieder hinab. Mieze gähnt königlich. Ihr legt euch auf das große blaue Sofa im Burghof. Du schließt deine Augen.

Da liegst du – ganz ruhig. Kannst du die Ruhe in dir spüren? Die Ruhe ist überall in dir. – Kannst du spüren, wie schwer du bist? Dein ganzer Körper ist schwer, angenehm schwer. – Kannst du spüren, wie warm du bist? Die Wärme strömt durch deinen ganzen Körper. Du bist warm, angenehm warm. – Dein Atem geht ein und aus, ein und aus, ganz ruhig und gleichmäßig, ganz von allein. – Du bist ruhig, schwer und warm – ruhig, schwer und warm. – So liegst du ein Weilchen und ruhst dich aus. Du ruhst dich aus und spürst die neue Kraft tief in dir wachsen.

Damit kommt die Geschichte langsam zum Ende. Wenn du bereit bist, reckst und streckst du dich und öffnest die Augen.

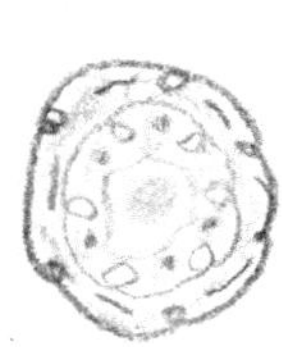

Der kleine König hat Angst

Stell dir vor, du steigst auf der Wolkentreppe langsam zum Wolkenschloss hinauf, Stufe um Stufe. Stell dir vor, wie du mit jeder Stufe ruhiger und freudiger wirst. Schließlich trittst du von der obersten Wolke in den Hof des Schlosses.

Der kleine König Ferdinand läuft aufgeregt auf und ab. „Ein Ungeheuer", ruft er immer wieder. „Das Schloss ist verloren!" Du schaust dich um, kannst aber nichts Ungewöhnliches erkennen. Der kleine König greift nach seiner Krone, als wolle er sie festhalten.

Auch Mieze sieht verschreckt aus. Sie kauert neben dem blauen Sofa. Ihre grünen Augen blitzen.

„Vielleicht kannst du uns helfen!" Der kleine König ist stehen geblieben und schaut dich an.

„Aber du hast doch deine Zwerge", sagst du und zeigst auf die kleinen Ritter, die sich im Schlosshof aufgestellt haben.

„Schau, wie sie zittern!", sagt Ferdinand. Und tatsächlich, du siehst, die Ritter in ihren Rüstungen zittern wie Espenlaub.

„Der Hauptmann ist in Ohnmacht gefallen, als er das Ungeheuer sah", sagt der kleine König. „Er liegt auf der Krankenstation. Und jemand muss die Ritter doch führen!"

„Und der Drache?", fragst du. „Kann er nicht helfen?"

„Der kommt die schmale Treppe des Turms nicht hinauf. Und eben dort oben hat sich das Ungeheuer versteckt."

Ein Ungeheuer, das sich versteckt? Langsam gehst du zum Turm. Mieze und der kleine König gehen hinter dir.

Die Tür zum Turm ist schwer zu öffnen. Sie knarrt. Du schaust die Treppe hinauf und kannst nichts erkennen. Der kleine König entzündet eine Fackel und gibt sie dir. Eine zweite trägt er selbst. Das flackernde Licht sieht unheimlich aus.

Du achtest auf deinen Atem und spürst, wie du ruhiger wirst. Dein Atem geht ein und aus, ein und aus, ganz ruhig und gleichmäßig, ganz von allein ... Ruhe und Kraft strömen in dich. ‚Mit Mut geht's gut', sprichst du in dich hinein.

Du steigst die Stufen hinauf. König Ferdinand und Mieze folgen dir. Im obersten Raum des Turms bläst ein kräftiger Windzug die Fackeln aus. Du erschrickst. Von der Decke des Raums beobachten euch zwei riesige Augen.

‚Mit Mut geht's gut', sagst du nochmals tief in dich hinein und achtest auf deinen Atem.

Der kleine König hat endlich Streichhölzer gefunden. Mit zitternden Fingern entzündet er die Fackeln neu. Wo ist das Ungeheuer? – Ihr seht eine Eule auf dem Schrank sitzen. Ihre Augen scheinen im Licht viel kleiner geworden. Sie sieht euch ruhig an.

„Ein Uhu!" Der kleine König atmet erleichtert durch. „Und wir dachten, dass, wir dachten, dass ... Was dachten wir eigentlich, Mieze?" Mieze schnurrt nur und blinzelt.

„Wir dachten gar nichts und malten uns alles Schlimme aus", stellt der kleine König fest. „Statt einfach nachzuschauen." Er seufzt.

„Liebe Eule", spricht der kleine König Ferdinand feierlich den Uhu an. „Ich ernenne dich hiermit zum Wächter des Turms!"

Der Uhu bestätigt seine Ernennung durch Schweigen. Er blinzelt.

Der kleine König Ferdinand seufzt noch einmal. Ihr steigt den Turm hinunter. Dieses Mal fallen die Stufen viel leichter.

Im Schlosshof bedankt sich der kleine König bei dir. „Was hätten wir ohne dich getan?", fragt er vor den Reihen seiner Ritter. „Wir hätten weiter gezittert. Du aber hast nachgeschaut." Er nickt. „Ich gebe dir hiermit den Titel *Turmbesteiger*", sagt er. Kopfschüttelnd verschwindet er in seinen Gemächern.

Du legst dich auf das große blaue Sofa und schließt deine Augen.

Da liegst du – ganz ruhig. Kannst du die Ruhe in dir spüren? Die Ruhe ist überall in dir. – Kannst du spüren, wie schwer du bist? Dein ganzer Körper ist schwer, angenehm schwer. – Kannst du spüren, wie warm du bist? Die Wärme strömt durch deinen ganzen Körper. Du bist warm, angenehm warm. – Dein Atem geht ein und aus, ein und aus, ganz ruhig und gleichmäßig, ganz von allein. – Du bist ruhig, schwer und warm – ruhig, schwer und warm. – So liegst du ein Weilchen und ruhst dich aus. Du ruhst dich aus und spürst die neue Kraft tief in dir wachsen.

Damit kommt die Geschichte langsam zum Ende. Wenn du bereit bist, reckst und streckst du dich und öffnest die Augen.

Wer etwas wagt

Wer etwas wagt, kann siegen!
Immer ruhig Blut!

Lass dich nie unterkriegen,
dann hast du Mut!

Die Dracheninsel

Du steigst mit Mieze vom Wolkenschloss in ein Traumland hinunter, an langsam treibenden Wolken vorbei, Stufe um Stufe. Stell dir vor, wie du mit jeder Stufe ruhiger und freudiger wirst.

Die Wolkentreppe endet am Sandstrand einer Insel, genau vor einem Paar Drachenpranken.

„Hallo, ich heiße Grünenstein", schnaubt euch der Drache fröhlich an und bläst dir zur Begrüßung ein paar Rauchwölkchen ins Gesicht. Er schlägt mit den winzigen Flügeln und gurrt: „Wenn ihr aus dem Himmel kommt, könnt ihr vielleicht gar fliegen?"

„Nein", faucht Mieze. Sie hat einen Buckel gemacht. „Und wir wollen es auch nicht lernen!"

„Ich schon", grollt der Drache sehnsüchtig. „Ich möchte so gern einmal über den Vulkan fliegen, wenn er ausbricht. Aber immer muss ich mir alles vom Strand aus anschauen, weil ich noch so jung bin."

„Ich bin schon sehr alt und schaue mir jeden Vulkanausbruch am liebsten von ganz weit weg an", schnurrt Mieze.

„Man hat den besseren Überblick – aber trotzdem ...", sagt Grünenstein. „Kommt, wir gehen zum ‚Seeräuberblick'", grollt er dann, „von dort sieht man alles am besten."

Ihr schlendert den Strand entlang. Grünenstein scheint hier alle gut zu kennen. Ein paar Vögeln, die nach Muscheln suchen, ruft er vergnügt zu: „Der Drachenwetterdienst meldet: Heute bricht der Vulkan aus!"

„Oh weh, oh weh!", zetern die Möwen, breiten ihre Schwingen aus und stürzen sich in den Himmel.

Ein Seelöwe sonnt sich am Strand. „Schöne Grüße vom Wetterdienst, Eddi", winkt Grünenstein ihm zu. „Der Vulkan bricht gleich aus." Der Seelöwe reißt die Augen weit auf und stürzt sich entsetzt in die Fluten. Rasch verschwindet er in der offenen See.

Plötzlich bebt die Erde. Ein tiefes Grollen liegt in der Luft, die zu zittern scheint. Grünenstein gluckst. „Der Vulkan, der Vulkan! Und wir sind noch gar nicht am ‚Seeräuberblick'!"

„Wir gehen besser zurück", sagst du zu Mieze.

„Ruhig und still geht's wie ich will", hörst du Grünenstein brummen.

‚Ein Merkspruch', denkst du. „Das funktioniert bei einem Vulkan nicht", sagst du laut. „Merksprüche und Entspannung machen dich selbst ruhiger, aber nicht einen Vulkan! Wenn der ausbricht, kannst du nur möglichst weit weg verschwinden."

„Ach so", brummt Grünenstein.

Du siehst, wie sich an der Flanke des Vulkans ein Lavastrom abwärts bewegt. Über dem Berg steht eine Rauchwolke. Du meinst sogar, Feuerzungen zu sehen.

Ein paar Gestalten fliegen über den Krater. Grünenstein winkt ihnen zu. „Das ist Opa Fauchenstein mit seiner Kegelrunde", strahlt er. „Ach, wie gern wäre ich mit dabei!" Er wackelt kläglich mit seinen winzigen Flügeln.

„Bis zum nächsten Mal", verabschiedest du dich. Mieze läuft königlich neben dir her. Der Vulkan ist weit weg, aber man kann nie wissen.

Schon erreicht ihr die Wolkentreppe. Ihr steigt hinauf. Auf halbem Weg zum Wolkenschloss schaust du dich um. Die Rauchwolke über dem Vulkan ist noch größer geworden. Du blickst direkt in den Feuersee des Vulkankraters. Die ausgelaufene Lava hat das Meer erreicht und versinkt zischend in den Fluten. Immer noch fliegen Drachen über die brodelnde Glut.

Du drehst dich wieder zum Wolkenschloss um. Mieze ist schon ein ganzes Stück voraus. Du steigst weiter, Stufe um Stufe. Mit jeder Stufe merkst du, wie du ruhiger wirst.

Im Wolkenschloss legst du dich auf das große blaue Sofa und schließt deine Augen.

Da liegst du – ganz ruhig. Kannst du die Ruhe in dir spüren? Die Ruhe ist überall in dir. – Kannst du spüren, wie schwer du bist? Dein ganzer Körper ist schwer, angenehm schwer. – Kannst du spüren, wie warm du bist? Die Wärme strömt durch deinen ganzen Körper. Du bist warm, angenehm warm. – Dein Atem geht ein und aus, ein und aus, ganz ruhig und gleichmäßig, ganz von allein. – Du bist ruhig, schwer und warm – ruhig, schwer und warm. – So liegst du ein Weilchen und ruhst dich aus. Du ruhst dich aus und spürst die neue Kraft tief in dir wachsen.

Damit kommt die Geschichte langsam zum Ende. Wenn du bereit bist, reckst und streckst du dich und öffnest die Augen.

Grünenstein

Ein Drache namens Grünenstein,
der flög so gern am Himmelszelt –
doch seine Flügel sind zu klein,
so tappt er eben durch die Welt.

Silas, der Bär

Stell dir vor, du steigst mit Mieze vom Wolkenschloss in ein Traumland hinunter, an langsam treibenden Wolken vorbei, Stufe um Stufe. Stell dir vor, wie du mit jeder Stufe ruhiger und freudiger wirst.

Ihr tretet auf den leichten Hang eines Berges, ein Stück weiter unten glänzt ein See. Um euch blühen Blumenmatten, die Farben kräftiger, tiefer als du sie kennst. Langsam schlenderst du den Pfad hinunter zum Bergsee. Mieze folgt dir.

Du beugst dich nieder und streichst mit der Hand durch das Wasser. Wie kühl es ist! Das muss vom Schnee der Berggipfel kommen.

Als du dich wieder aufrichtest, siehst du, dass Mieze sich geduckt hat. Sie starrt zum anderen Ufer des Sees.

„Was ist?", fragst du.

„Silas ...", schnurrt Mieze ganz langsam.

Du schaust genauer hin und erkennst einen großen Bären, der an das Ufer des Sees trottet. Er beugt sich nieder und trinkt.

Unwillkürlich hast auch du dich geduckt.

‚Gefahr erkannt – Gefahr gebannt', denkst du.

Aber nicht ganz gebannt. Du überlegst, wie lange der Bär wohl um den See herum bis zu euch brauchen würde.

„Bären fressen eigentlich keine Kinder", sagst du.

„Katzen fressen sie eigentlich auch nicht", schnurrt Mieze. „Außer vielleicht, wenn sie sehr hungrig sind. Oder wenn ihnen danach ist."

Ein paar Schritte vom Ufer des Sees siehst du eine Hütte stehen. Du gehst zur Tür. Sie ist nicht abgeschlossen. Und, stellst du fest, sie lässt sich von innen gut verriegeln. In der Hütte seid ihr auf jeden Fall sicher.

„Gefahr erkannt – Gefahr gebannt", sagst du erleichtert.

Mit Mieze zusammen beobachtest du den Bären.

„Ich hab die Bewohner des Dorfs über ihn reden gehört", schnurrt Mieze. „In der Dorfwirtschaft, mit einem Wissenschaftler von der anderen Seite der Berge. Der Bär ist von dort zugewandert. Sie hoffen, dass er sich hier niederlässt. Silas haben sie ihn genannt."

„Also haben sie keine Angst", sagst du.

„Einige schon", schnurrt Mieze. „Sie streiten deshalb. Aber Vorsicht ist für alle gut."

„Gefahr erkannt, Gefahr gebannt", meinst du.

„Er ist wunderschön!", sagst du, nachdem ihr eine Weile schweigend den Bären am anderen Ufer betrachtet habt.

„Ja", schnurrt Mieze.

Der Bär sieht gemütlich aus. Wäre er groß wie eine Maus, würdest du ihn sicher gern streicheln. Und Mieze würde ihn fressen. Aber der Bär ist viel größer. So streichelst du ihn lieber nicht. So frisst Mieze ihn lieber nicht. Und ihr habt stattdessen ein bisschen Angst vor ihm. Oder Vorsicht.

Silas wendet sich ab und schlendert über die Wiese am anderen Seeufer. Bald ist er hinter einem Hang des Berges verschwunden.

Die Berge sind immer noch da. Und der See. Und die Wiese mit ihren Gräsern und Blumen. Und der Wind mit all den Düften der Berge. Und der Himmel, durch den weit oben ein Vogel kreist.

Es ist schön hier. Du spürst deinen Atem. Du spürst dich selbst so lebendig wie selten. Aber langsam müsst ihr zurück. Zur Wolkentreppe ist es nicht weit. Schritt um Schritt steigt ihr höher, immer höher, zum Wolkenschloss. Mit jeder Stufe merkst du, wie du ruhiger wirst.

Im Wolkenschloss legt ihr euch auf das große blaue Sofa und schließt die Augen.

Da liegst du – ganz ruhig. Kannst du die Ruhe in dir spüren? Die Ruhe ist überall in dir. – Kannst du spüren, wie schwer du bist? Dein ganzer Körper ist schwer, angenehm schwer. – Kannst du spüren, wie warm du bist? Die Wärme strömt durch deinen ganzen Körper. Du bist warm, angenehm warm. – Dein Atem geht ein und aus, ein und aus, ganz ruhig und gleichmäßig, ganz von allein. – Du bist ruhig, schwer und warm – ruhig, schwer und warm. – So liegst du ein Weilchen und ruhst dich aus. Du ruhst dich aus und spürst die neue Kraft tief in dir wachsen.

Damit kommt die Geschichte langsam zum Ende. Wenn du bereit bist, reckst und streckst du dich und öffnest die Augen.

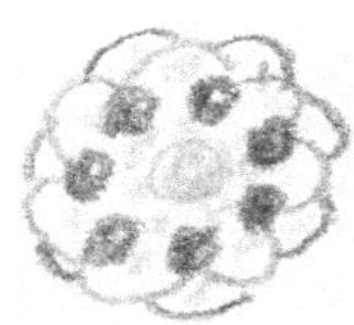

Das Schiff und die Insel

Stell dir vor, du steigst mit Mieze vom Wolkenschloss in ein Traumland hinunter, an langsam treibenden Wolken vorbei, Stufe um Stufe. Stell dir vor, wie du mit jeder Stufe ruhiger und freudiger wirst.

Von der letzten Stufe tretet ihr in einen Hafen. Gerade macht sich ein Segelschiff bereit, auszulaufen. Du winkst – und die Menschen winken zurück. Du rufst sie an – und sie nehmen euch mit.

„Willkommen auf der Seeschwalbe", begrüßt euch der Kapitän. „Wir machen eine Probefahrt rund um die kleine Insel."

„Könnt ihr uns dort vielleicht absetzen und später wieder abholen?", fragst du.

„Das wird eine gute Übung für die Mannschaft", stimmt der Kapitän zu.

Bis zur Insel ist es nicht weit. Du wiegst dich im sanften Auf und Ab der Wellen. Der Kapitän brüllt Befehle, die Seeleute rufen zurück. Flink bewegen sie sich über Deck und die Seile hinauf zu den Segeln.

Du fühlst dich stark im starken Wind. Nur Mieze scheint nicht ganz wohl zu sein. „Geht es dir gut?", fragst du.

„Mir ist so flau", antwortet sie „Ob das die Seeluft ist?"

„Eine Katze kann seekrank werden!", staunst du. „Halte durch, wir haben es gleich zur Insel geschafft."

Das Segelschiff kann an der Insel nicht landen, so lässt der Kapitän euch in einem Ruderboot über setzen.

„Fester Boden tut so gut!", schnurrt Mieze, als ihr ausgestiegen seid und dem Segelschiff nachwinkt.

Du streichelst sie und redest ihr gut zu. Langsam geht es Mieze besser.

Dann erkundet ihr die kleine Insel.

Neben einem Bach geht ihr den Wald hinauf in die Hügel. Weite Wiesen. Blumen, rot und gelb und blau. Du spürst, wie dein Atem weit und frei strömt. Es ist die Insel der Ruhe.

Vögel singen. Grillen zirpen im Gras. Ist da nicht etwas wie ein Lied des Himmels?

Ihr entdeckt eine Höhle, von der aus ihr weit über das Meer sehen könnt. Nur blaue Weite. Über dem Horizont dann der Himmel, auch blau.

Ihr steigt einen der sanften grünen Hügel hinauf. Von hier könnt ihr die ganze Insel überblicken. Gräser flüstern im Wind.

Mieze hat sich hingelegt und die Augen geschlossen.

Hier ist dein Ort der Ruhe. Wenn du die Augen schließt, wird die Ruhe noch stärker – und du spürst die Kraft in der Ruhe. Und du spürst die Kraft, die die Ruhe dir bringt ...

Die Gräser flüstern immer noch mit dem Wind. Auch Mieze ist ruhig geworden. Sie räkelt sich wohlig. Sie liegt in der Sonne und spürt die Ruhe, die Kraft und die Wärme in sich.

Und die Kraft ist in dir. Dein Atem strömt ein und aus. Die spürst in deinem Atem die Ruhe und Kraft.

Langsam müsst ihr zurück. Ihr erhebt euch und wandert durch die Insel zum Strand. Wellen laufen den Sand hinauf. Wellen spülen zurück in das Meer.

Gerade legt das Ruderboot an. Ihr steigt ein. Die Seeschwalbe erwartet euch schon. Ihr segelt zum Hafen zurück.

Dort verabschiedet ihr euch vom Kapitän und seiner Mannschaft: „Der Probelauf war ein voller Erfolg", sagt er stolz.

Ihr geht durch den Hafen und lauscht dem geschäftigen Treiben. Ihr schnuppert die Düfte von Salz und Fisch. In einer Hafenkneipe geht es hoch her. Ein Akkordeon spielt. Aber da ist die Wolkentreppe, dort geht es nach Hause.

Schritt um Schritt steigt ihr Wolkentreppe höher, immer höher, zum Wolkenschloss. Mit jeder Stufe merkst du, wie du ruhiger wirst.

Im Wolkenschloss legt ihr euch auf das große blaue Sofa und schließt die Augen.

Da liegst du – ganz ruhig. Kannst du die Ruhe in dir spüren? Die Ruhe ist überall in dir. – Kannst du spüren, wie schwer du bist? Dein ganzer Körper ist schwer, angenehm schwer. – Kannst du spüren, wie warm du bist? Die Wärme strömt durch deinen ganzen Körper. Du bist warm, angenehm warm. – Dein Atem geht ein und aus, ein und aus, ganz ruhig und gleichmäßig, ganz von allein. – Du bist ruhig, schwer und warm – ruhig, schwer und warm. – So liegst du ein Weilchen und ruhst dich aus. Du ruhst dich aus und spürst die neue Kraft tief in dir wachsen.

Damit kommt die Geschichte langsam zum Ende. Wenn du bereit bist, reckst und streckst du dich und öffnest die Augen.

Die Theaterleute

Du steigst mit Mieze vom Wolkenschloss in ein Traumland hinunter, an langsam treibenden Wolken vorbei, Stufe um Stufe. Stell dir vor, wie du mit jeder Stufe ruhiger und freudiger wirst.

Ihr berührt den Boden und geht über das Gras.

„Wo sind wir hier?", fragst du Mieze.

„Wir sind, wo wir gerade sind", schnurrt die Katze und gähnt königlich.

„Und wo ist das?", versuchst du es nochmal.

„Im Land der Langsamkeit", sagt Mieze ganz langsam.

Du duckst dich unwillkürlich, weil das Wort dich gleich an Schimpfe erinnert.

„Hier", fährt Mieze fort und gähnt zwischendurch, „hier *wollen* alle langsam sein."

„Was ist denn gut an Langsamkeit?", fragst du.

„Probieren geht über studieren", schnurrt Mieze. „Wir probieren, wer von uns am langsamsten zu den Bäumen dort drüben schlendern kann."

Du versuchst es und merkst, es ist gar nicht so einfach, langsam zu sein.

„Ein bisschen langsamer, das ist gut, dabei wird jeder Schritt irgendwie besser und ich sehe viel mehr von der Umgebung", sagst du zu Mieze. „Aber zu langsam, dann wird es anstrengend."

Mieze gewinnt, sie erreicht die Bäume nach dir.

Unter den Bäumen hat ein Theater Zelte aufgeschlagen.

„Helft ihr uns?", fragt eine Frau in wallendem langem Kleid. „Wir suchen Glückskleeblätter. Morgen ist Aufführung unseres neuen Stücks."

Mieze hat bald ein Glückskleeblatt gefunden. Du nicht.

„Du bist zu schnell", schnurrt sie. „Und zu ungeduldig. Probier es mal mit meinem Spruch: ‚Schau – langsam und genau'!"

Du achtest auf deinen Atem, wie er ausströmt und einströmt, bis du ganz ruhig bist. Und dann sagst du dir Miezes Spruch tief in dich hinein, unhörbar:

‚Schau – langsam und genau!'

Bald kannst auch du ein Glückskleeblatt in den Korb der Theaterleute legen.

Im Lager erhält das Körbchen einen Platz am Aufgang der Bühne. Du bestaunst die Kostüme der Schauspieler, die nun auf die Bühne strömen. Aber mitspielen willst du nicht, lieber zusehen.

Mieze bekommt eine Rolle im Stück. Sie hütet die Wolken. Da liegt sie auf einem Sofa am Rand der Bühne und gähnt.

Nach der Theaterprobe feiern die Schauspieler. Ihr seid eingeladen. Aber du wanderst mit Mieze wieder über die Wiese zurück.

Das Land ist so schön! Die Sonne scheint, Blumen blühen, ein Schmetterling streift dich fast, als er an euch vorbei flattert. Am Himmel ziehen Wolken.

Du spürst den Boden bei jedem Schritt, du spürst dich selbst und deine Ruhe beim Gehen.

In dieser Ruhe fallen dir die Lieder der Vögel auf, das Summen von Insekten, das Zirpen von Grillen – als gehörten all die kleinen Geräusche zur Ruhe dazu.

Die kleinen Geräusche vertiefen die Ruhe noch.

„Ich hoffe doch, du hast aufgepasst beim Wolkenhüten, nicht dass die Wolken davonfliegen", sagst du zu Mieze.

„Wenn sie fort sind, warten wir einfach, bis ein paar neue angeflogen kommen", schnurrt Mieze königlich und gähnt.

Aber die Wolkentreppe ist da, und du steigst mit Mieze zum Wolkenschloss. Du steigst Stufe um Stufe. Mit jeder Stufe merkst du, wie du ruhiger wirst.

Im Wolkenschloss legt ihr euch auf das große blaue Sofa und du schließt deine Augen.

Da liegst du – ganz ruhig. Kannst du die Ruhe in dir spüren? Die Ruhe ist überall in dir. – Kannst du spüren, wie schwer du bist? Dein ganzer Körper ist schwer, angenehm schwer. – Kannst du spüren, wie warm du bist? Die Wärme strömt durch deinen ganzen Körper. Du bist warm, angenehm warm. – Dein Atem geht ein und aus, ein und aus, ganz ruhig und gleichmäßig, ganz von allein. – Du bist ruhig, schwer und warm – ruhig, schwer und warm. – So liegst du ein Weilchen und ruhst dich aus. Du ruhst dich aus und spürst die neue Kraft tief in dir wachsen.

Damit kommt die Geschichte langsam zum Ende. Wenn du bereit bist, reckst und streckst du dich und öffnest die Augen.

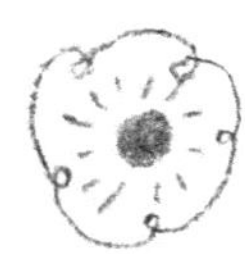

Glückskleeblatt

Schau genau, dann siehst du mehr!
Auch ein Glückskleeblatt schaut her.

Tim, das Eichhörnchen

Du steigst mit Mieze vom Wolkenschloss in ein Traumland hinunter, an langsam treibenden Wolken vorbei, Stufe um Stufe. Stell dir vor, wie du mit jeder Stufe ruhiger und freudiger wirst.

Auf dem Boden angelangt, kommt ihr in einen lichten Wald. Bäume wachsen hoch in den Himmel. Durch ihre Wipfel tanzt Licht.

Unter einem Baum trefft ihr Tim, das Eichhörnchen. Es zuckt aufgeregt hin und her. Jetzt springt es an den Baumstamm – und krallt sich kopfüber fest.

„Ich finde meine Nüsse nicht mehr", klagt es, als ihr heran seid. „Irgendwo hier habe ich sie versteckt. Ich will doch nur nachschauen!"

„Wenn du sie nicht findest, sind sie weg", schnurrt Mieze königlich und schnuppert an einem Fliegenpilz.

„Oh je!", ruft Tim und wackelt mit dem buschigen Schweif. „Wovon soll ich im Winter leben? – Ob es vielleicht am Fliegenpilz war?" Das Eichhörnchen springt vom Baum und beginnt am Fliegenpilz zu scharren.

„Das wäre ein schlechter Platz", sagst du. „Denn der Fliegenpilz ist im Winter gar nicht mehr da."

„Stimmt", sagt das Eichhörnchen. „So dumm bin ich nicht gewesen, als ich die Nüsse verscharrt hab. – Oder doch?" Tim schaut euch mit großen Augen an.

„Du musst mehr Acht geben, was du tust", schnurrt Mieze.

„Du musst dich besser konzentrieren", sagst du.

„Kon-zen-trie-ren", sagt Tim langsam und betont. „So etwas gibt es hier nicht."

„Dann findest du deine Nüsse nie", schnurrt Mieze.

„Was kann ich denn tun, um mich besser zu kon-zen-trie-ren?", fragt Tim. „Soll ich dazu auf einen Baum klettern?"

„Das reicht nicht", schnurrt Mieze.
„Soll ich dazu einen Purzelbaum schlagen?", fragt Tim.
„Das reicht nicht", schnurrt Mieze.
„Soll ich dazu ein Loch bis zur Rückseite der Welt graben?"
„Das reicht nicht." Mieze gähnt laut.
„Das ist aber weit", sagt Tim und blinzelt.
„Es reicht trotzdem nicht, ganz gleich wie weit es ist", schnurrt Mieze.
„Es ist viel einfacher", sagst du. „Schließ kurz deine Augen, achte darauf, wie dein Atem ruhig ein- und ausströmt. Und dann sag dir tief in dich hinein:
‚Konzentriert geht's wie geschmiert'."
Das Eichhörnchen schließt die Augen. Es achtet auf seinen Atem. Du meinst fast zu sehen, wie es ruhiger wird. Was flüstert es da? ‚*Kon-zen-triert geht's wie geschmiert*', meinst du leise zu hören. Dann öffnet Tim wieder die Augen und strahlt euch an.
„Hat es geklappt?", fragst du.
„Ja, ich bin jetzt ruhiger."
„Und wo sind die Nüsse?", fragt Mieze.
„Ach so", sagt das Eichhörnchen und schließt noch einmal die Augen. „Hier", sagt es, als es sie wieder öffnet. Es springt zum Baumstamm. Wo eine große Wurzel ein Stück heraussteht, beginnt es zu buddeln. „Die ist noch da", ruft es, hebt eine Nuss hoch und strahlt euch an.
Tim führt euch durch seinen Wald. Das Eichhörnchen zeigt euch die Brombeerhecken, den Bach, das Felsenmeer. Ihr lernt die besten Plätze für Pilze kennen. Und Mieze zeigt Tim ein paar wundervoll duftende Mäuselöcher.
Schließlich verabschiedet ihr euch und geht zur Wolkentreppe zurück.
Du steigst mit Mieze zum Wolkenschloss, Stufe um Stufe. Mit jeder Stufe merkst du, wie du ruhiger wirst.

Im Wolkenschloss angekommen, legt ihr euch auf das große blaue Sofa. Du schließt deine Augen.

Da liegst du – ganz ruhig. Kannst du die Ruhe in dir spüren? Die Ruhe ist überall in dir. – Kannst du spüren, wie schwer du bist? Dein ganzer Körper ist schwer, angenehm schwer. – Kannst du spüren, wie warm du bist? Die Wärme strömt durch deinen ganzen Körper. Du bist warm, angenehm warm. – Dein Atem geht ein und aus, ein und aus, ganz ruhig und gleichmäßig, ganz von allein. – Du bist ruhig, schwer und warm – ruhig, schwer und warm. – So liegst du ein Weilchen und ruhst dich aus. Du ruhst dich aus und spürst die neue Kraft tief in dir wachsen.

Damit kommt die Geschichte langsam zum Ende. Wenn du bereit bist, reckst und streckst du dich und öffnest die Augen.

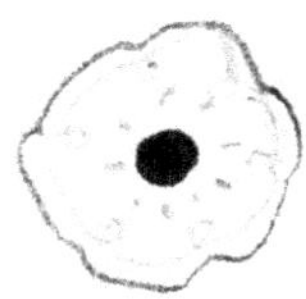

König Xaver ist krank

Du steigst mit Mieze vom Wolkenschloss in ein Traumland hinunter, an langsam treibenden Wolken vorbei, Stufe um Stufe. Stell dir vor, wie du mit jeder Stufe ruhiger und freudiger wirst.

Ein Bote führt euch in ein befreundetes Land. Auf seiner Fahne flattern die Farben des Königreichs Fantasia. Doch der Bote führt euch nicht in den Thronsaal des Schlosses, sondern auf die Krankenstation. Denn König Xaver ist krank. Auf seinem Nachttisch steht eine weiße Blume und lässt den Kopf hängen. Um sein Bett tuscheln Ärzte.

„Wir haben schon alles probiert", stellt einer von ihnen fest. „Aber der König will einfach nicht gesund werden." Der Arzt schaut dich an. „Vielleicht weißt du etwas, woran wir nicht gedacht haben."

Du siehst viele bunte Dosen in einer Reihe stehen. Und viele medizinische Geräte, die du alle nicht kennst.

Der kranke König stöhnt. Er sieht blass aus.

Mieze richtet sich groß auf. Ihre grünen Augen blitzen. „Warum probiert ihr es nicht mit Fantasie?", schnurrt sie.

„Wir sind hier im Reich Fantasia", sagt einer der Ärzte. „Fantasie kann viel, ja: Aber heilen doch nicht."

„Aber sie kann dabei helfen", schnurrt Mieze und springt zum kranken König aufs Bett. Du hörst genau zu, was Mieze spricht. Und auch der kranke König hört zu, mit geschlossenen Augen, und stellt sich alles genau vor.

„Achte auf deinen Atem", schnurrt Mieze. „Achte darauf, wie dein Atem aus dir herausströmt – und wieder in dich hinein, ganz von selbst. Achte darauf, wie dein Atem dich ruhig macht und dir Kraft gibt.

Stell dir vor, dass es einen Ort in dir gibt, der ganz unberührt von allem Kranken und Schlechten ist.

Stell dir vor, wie dieser Ort mild auszustrahlen beginnt. Wie er Stärke und Gesundheit um sich herum verbreitet.

Wo es dunkel und schwach war, wird es heller und stärker. Vielleicht erst nur wenig, aber du spürst, wie Gesundheit da ist und sich langsam ausbreitet.

Stell dir vor, wie sich Wellen von Stärke und Gesundheit durch dich bewegen und alles Kranke langsam in Gesundes verwandeln.

Wo es dunkel war, wird es heller.

Wo Missklänge in dir waren, verwandeln sich diese in schöne Musik.

Stell dir vor, wie sich alles verwandelt und heil wird – im Bauch, in den Armen, in den Beinen, im Kopf, in deinem ganzen Leib.

Achte darauf, wie überall in dir Gesundheit zu wachsen beginnt – und lass sie noch stärker wachsen."

Mieze bleibt noch etwas sitzen und betrachtet den Kranken. Sein Gesicht ist rosig geworden.

Mieze springt vom Bett. Die weiße Blume auf dem Nachttisch des Königs beginnt sich aufzurichten.

Ihr verlasst alle den Raum, so kann der kranke König schlafen. Im Thronsaal bedanken sich die Minister bei euch.

„Das werd ich mir merken", sagt die Gesundheitsministerin. „Und probiere es bald selbst aus!"

Die anderen Minister stimmen ihr zu und lassen euch hochleben.

Ihr steigt wieder zum Wolkenschloss, Stufe um Stufe. Mit jeder Stufe merkst du, wie du ruhiger wirst.

Im Wolkenschloss angekommen, legt ihr euch auf das große blaue Sofa und schließt die Augen.

Da liegst du – ganz ruhig. Kannst du die Ruhe in dir spüren? Die Ruhe ist überall in dir. – Kannst du spüren, wie schwer du bist? Dein ganzer Körper ist schwer, angenehm schwer. – Kannst du spüren, wie warm du bist? Die Wärme strömt durch deinen ganzen Körper. Du bist warm, angenehm warm. – Dein Atem geht ein und aus, ein und aus, ganz ruhig und gleichmäßig, ganz von allein. – Du bist ruhig, schwer und warm – ruhig, schwer und warm. – So liegst du ein Weilchen und ruhst dich aus. Du ruhst dich aus und spürst die neue Kraft tief in dir wachsen.

Damit kommt die Geschichte langsam zum Ende. Wenn du bereit bist, reckst und streckst du dich und öffnest die Augen.

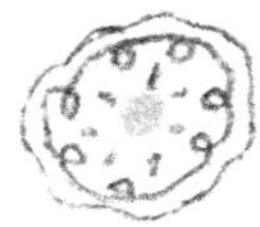

Das Gute

Das Gute sag ich in mich hinein:
dann soll es in mir am Wachsen sein.

Zu viel

Stell dir vor, du steigst auf der Wolkentreppe langsam zum Wolkenschloss hinauf, Stufe um Stufe. Stell dir vor, wie du mit jeder Stufe ruhiger und freudiger wirst. Schließlich trittst du von der letzten Wolke in den Hof des Schlosses.

Wo ist Mieze? Auf der Suche nach ihr kommst du in den Thronsaal – und platzt mitten in einen Streit zwischen dem kleinen König Ferdinand und seiner Nichte Esmeralda. Sie stehen vor dem Thron wie zwei Streithähne. Das heißt, Esmeralda steht so. Der kleine König sieht eher bekümmert aus und noch kleiner als sonst.

„Immer bekomme ich von allem zu wenig", schreit Esmeralda. „Ich will aber zu viel!" Tränen des Zorns stehen in ihren Augen.

„Aber Liebes", der kleine König seufzt, „zu viel ist immer – zu viel." Er holt tief Luft: „Versteh doch ..."

„Ich will nicht verstehen, ich will endlich einmal zu viel!"

Mieze, die es sich auf dem Thron gemütlich gemacht hat, schnurrt: „Zu viel Hausaufgaben vielleicht?"

„Zu viel Schokolade will ich essen, zu viel meiner Lieblingssendungen sehen, von allem Guten will ich zu viel, du garstige Katze", zetert Esmeralda.

„Aber beruhige dich doch!" Der kleine König Ferdinand tupft sich mit einem Taschentuch Schweiß von der Stirn.

„Zu viel ist eben *zu* viel." Der kleine König sieht verzweifelt aus.

Esmeralda betrachtet ihn kühl: „Schokolade und Lieblingssendungen sind nie zu viel", behauptet sie.

„Und wann ist es zu viel?", fragst du.

„Nie!" Esmeralda funkelt dich an.

„Neulich wurde dir von der vielen, von der zu vielen Schokolade ganz schlecht", schnurrt Mieze. „Du hast in mein gemütliches Katzenlager gekotzt."

Esmeralda starrt sie stumm an.

„Du selbst sagst dir, was gut ist und was zu viel", behauptet der kleine König.

„Ich sage mir gar nichts", stellt Esmeralda fest.

„Dein Körper sagt es dir." Der kleine König breitet hilflos die Arme aus.

Du überlegst und sagst dann: „Wenn ich ein bisschen Schokolade esse, dann schmeckt sie erst sehr gut – aber bald schmeckt die Schokolade weniger. Aber aufhören kann ich trotzdem nur schwer."

Esmeralda starrt nun dich stumm an.

„Manchmal sagt es dein Körper dir", sagt der kleine König. „Wenn dir schlecht wird, dann sagt er es dir sehr laut. Wahrscheinlich hat er es dir vorher schon gesagt, leiser, und du hast es nicht richtig gehört."

„Ich höre sehr gut, viel besser als du!", sagt Esmeralda. Aber sie ist nachdenklich geworden.

„Ich trage eine Krone", sagt der kleine König Ferdinand, „weil ich ein König bin. Würde ich mir plötzlich zwei Kronen aufsetzen, dann wäre das eindeutig zu viel. Das würde mein Kopf mir sofort sagen. Bei Schokolade ist es schwieriger. Und auch bei Lieblingssendungen."

„Du wirst abends immer kribbliger, je länger du schaust", schnurrt Mieze. „Und dann kannst du schlecht schlafen."

„Ja, da sagt dein Körper dir auch etwas, aber dann ist es zu spät", meint der kleine König.

„Zu viel, zu spät", mault Esmeralda.

„Du kannst auf dich selbst hören, auf deinen Körper, auf das, was du selbst weißt. Und du kannst auf andere hören, die dir sagen, was gut ist und was nicht", schnurrt Mieze.

„Auf dich etwa? Du schleckst mir nur die Schokolade weg!", behauptet Esmeralda. „Aber na gut, ich höre auf *mich*, auf mich selbst. Weil ich eine Prinzessin bin!"

„Ja, mein Liebes." Der kleine König schnäuzt laut und seufzt. „Genug für heute davon!", ruft er dann. „Wer will mit mir und dem Drachen Gassi gehen?"

Mieze erhebt sich aus dem Thron und stolziert an die Seite des Königs. Auch Esmeralda will mit.

Du aber legst du dich auf das große blaue Sofa und schließt deine Augen.

Da liegst du – ganz ruhig. Kannst du die Ruhe in dir spüren? Die Ruhe ist überall in dir. – Kannst du spüren, wie schwer du bist? Dein ganzer Körper ist schwer, angenehm schwer. – Kannst du spüren, wie warm du bist? Die Wärme strömt durch deinen ganzen Körper. Du bist warm, angenehm warm. – Dein Atem geht ein und aus, ein und aus, ganz ruhig und gleichmäßig, ganz von allein. – Du bist ruhig, schwer und warm – ruhig, schwer und warm. – So liegst du ein Weilchen und ruhst dich aus. Du ruhst dich aus und spürst die neue Kraft tief in dir wachsen.

Damit kommt die Geschichte langsam zum Ende. Wenn du bereit bist, reckst und streckst du dich und öffnest die Augen.

Die Quelle im Wald

Du steigst mit Mieze vom Wolkenschloss in ein Traumland hinunter, an langsam treibenden Wolken vorbei, Stufe um Stufe. Stell dir vor, wie du mit jeder Stufe ruhiger und freudiger wirst.

Ihr kommt in einen großen Wald. Zwischen hohen Stämmen tretet ihr auf den Boden.

Wie weich die Walderde ist! Du gehst ein paar Schritte. Die harten Bodenplatten im Wolkenschloss sind noch im Gedächtnis deiner Füße. Wie auf Wolken geht es sich hier – hier auf der Erde!

Auch Mieze scheint ganz vergnügt. Sie schnuppert an einem Mäuseloch. Die gibt es im Wolkenschloss nicht.

Du tust einen Atemzug, tief und langsam. Auch die Luft schmeckt hier im Wald besonders gut.

Einfach gehen und atmen, langsam und frei – das tut so gut!

Ob das die Bäume wissen? Sicher nicht, denn sie sind ganz anders als du. Aber sie sehen glücklich aus.

Ob das die Vögel wissen? Sicher nicht, denn ihre Lieder sind ganz anders als deine. Doch die Lieder sind schön und hören sich glücklich an.

Unter einem Baum wachsen Pilze.

Zwei Eichhörnchen jagen an euch vorbei und klettern am Stamm eines Baums hoch, verschwinden. Schauen dich nicht von ganz oben vier neugierige Augen an?

Ein Bächlein plätschert. Du gehst an ihm entlang, entgegen der Strömung. Mieze hat sich von ihrem Mäuseloch losgerissen und folgt dir.

Am Bach wächst Gras, blühen hier und da Blumen. Unter den Bäumen ist der Boden des Waldes viel weniger grün. Es fehlt an Licht, das halten die Blätter der Bäume auf.

Hier und da meinst du einen Schatten im Bach flitzen zu sehen. Ob das Fische sind? Mieze schaut kaum hin. Ob die Fische ihr zu schnell sind oder das Wasser zu nass? Sie schnüffelt an einem großen Tannenzapfen.

Wie der Wald riecht! Wechselnde Düfte, würzig und stark. Eine Taube gurrt. Ruft in der Ferne ein Kuckuck?

Weiter geht ihr, am Bach entlang, entgegen der Strömung.

Endlich stoßt ihr auf die Quelle. Am Hang, zwischen Steinen, strömt das Wasser aus der Erde heraus, strömt aus dem Dunklen ans Licht.

Mieze schnuppert um die Quelle herum.

Du stehst ganz still. Du schließt deine Augen und versuchst, ob du den Klang der Quelle hören kannst.

Da sind Vogelstimmen.

Da ist ein leichter Wind in den Wipfeln.

Da sind Insekten, die an euch vorbei fliegen.

Da ist in den Wipfeln ein Geräusch, feiner, lebendiger noch als der Wind. Ist es das Summen von Bienen?

Da ist dein eigener Atem.

Da sind kleine Geräusche, als würde Mieze an etwas schnuppern.

Und vielleicht, ganz leise, ist da auch ein Geräusch von der Quelle. Ganz leise – und doch stark und lebendig.

Du freust dich. Etwas von der Kraft der Quelle, von ihrer Stärke und Lebendigkeit, spürst du nun auch in dir.

Mieze schaut dich an. Ihr geht den Bachlauf entlang zur Wolkentreppe zurück. Stufe um Stufe steigt ihr empor. Mit jeder Stufe merkst du, wie du ruhiger wirst.

Im Wolkenschloss legt ihr euch auf das große blaue Sofa und schließt die Augen.

Da liegst du – ganz ruhig. Kannst du die Ruhe in dir spüren? Die Ruhe ist überall in dir. – Kannst du spüren, wie schwer du bist? Dein ganzer Körper ist schwer, angenehm schwer. – Kannst du spüren, wie warm du

bist? Die Wärme strömt durch deinen ganzen Körper. Du bist warm, angenehm warm. – Dein Atem geht ein und aus, ein und aus, ganz ruhig und gleichmäßig, ganz von allein. – Du bist ruhig, schwer und warm – ruhig, schwer und warm. – So liegst du ein Weilchen und ruhst dich aus. Du ruhst dich aus und spürst die neue Kraft tief in dir wachsen.

Damit kommt die Geschichte langsam zum Ende. Wenn du bereit bist, reckst und streckst du dich und öffnest die Augen.

Frisch und klar

Schließ die Augen – die Quelle ist klar,
spür sie in dir, dann wird sie wahr,
frisch und klar.

Klasse 2 im Zauberwald

Stell dir vor, du steigst mit Mieze vom Wolkenschloss in ein Traumland hinunter, an langsam treibenden Wolken vorbei, Stufe um Stufe. Stell dir vor, wie du mit jeder Stufe ruhiger und freudiger wirst.

Die Treppe endet im Zauberwald, genau vor dem Häuschen des Hexenmädchens Schummelfix und seiner Mutter Besenstrich.

Mieze blinzelt nur, als sie die beiden sieht, dann verschwindet sie mit dem Kater des Häuschens um die Ecke.

„Willkommen!", sagt Besenstrich herzlich. Und sagt dir auch gleich, weshalb sie sich so freut:

„Fast wäre meine Tochter dieses Jahr in die 2. Klasse versetzt worden", berichtet sie eifrig. „Ich bin wahnsinnig stolz auf sie! Nur an einer einzigen Aufgabe ist sie gescheitert."

„Und wie hieß die Aufgabe?", fragst du.

Besenstrich legt die Stirn in Falten und versucht, sich zu erinnern. „Eins – und – eins – ist ...?", sagt sie angestrengt. „Dieselbe Aufgabe wie letztes Jahr", setzt sie seufzend dazu.

„Das fragt die Lehrerin jedes Jahr", platzt Schummelfix heraus. „Und es ist immer die einzige Aufgabe. Nie ist sie zufrieden." Schummelfix schließt die Augen und versucht, den Kochlöffel im Topf auf dem Herd ein bisschen schneller rühren zu lassen.

„Und diese Aufgabe hast du nicht gewusst?", fragst du ungläubig.

„Letztes Jahr war das Ergebnis 2", weiß Schummelfix. „Da ist es doch un-wahr-schein-lich, dass genau dasselbe dieses Jahr schon wieder herauskommt", überlegt sie und blinzelt.

„Das Jahr davor war das Ergebnis auch 2 – und das Jahr vor dem Davor-Jahr auch", ergänzt Besenstrich.

„Bei allen Schülern!", sagt Schummelfix. „Da muss doch nächstes Mal etwas ganz anderes herauskommen." Der Kochlöffel plumpst auf den Boden.

Schummelfix verzieht das Gesicht. „Und außerdem will ich gar nicht in die 2. Klasse versetzt werden. Dann verliere ich alle meine Freundinnen! In der 1. Klasse ist es schön."

„Ihr könntet doch alle zusammen versetzt werden, wenn ihr nächstes Jahr wieder dieselbe Aufgabe bekommt und alle mit 2 antwortet", sagst du.

Die beiden schweigen erschüttert.

„Das wäre wunderbar", sagt Schummelfix schließlich ehrfürchtig. „So wären wir alle wieder beieinander – sogar im selben Klassenzimmer!"

„Aber dann in Klasse 2", sagt Besenstrich stolz. „Ich glaube", setzt sie dazu, „ich glaube eine 2. Klasse gab es im Zauberwald noch nie."

„Das muss ich sofort meinen Freundinnen erzählen", sagt Schummelfix, schnappt ihren Besenstiel und fliegt ab, durch den Schornstein. Du hustest im zurückbleibenden Rauch.

„Wir sollten jetzt auch langsam gehen", meinst du, als du wieder etwas Luft bekommst, denn du siehst gerade Mieze um die Ecke schlendern.

Ihr geht zu den Wolkenstufen. Schritt für Schritt setzt ihr und steigt immer höher, zum Wolkenschloss. Mit jeder Stufe merkst du, wie du ruhiger wirst.

Im Wolkenschloss legt ihr euch auf das große blaue Sofa und schließt die Augen.

Da liegst du – ganz ruhig. Kannst du die Ruhe in dir spüren? Die Ruhe ist überall in dir. – Kannst du spüren, wie schwer du bist? Dein ganzer Körper ist schwer, angenehm schwer. – Kannst du spüren, wie warm du

bist? Die Wärme strömt durch deinen ganzen Körper. Du bist warm, angenehm warm. – Dein Atem geht ein und aus, ein und aus, ganz ruhig und gleichmäßig, ganz von allein. – Du bist ruhig, schwer und warm – ruhig, schwer und warm. – So liegst du ein Weilchen und ruhst dich aus. Du ruhst dich aus und spürst die neue Kraft tief in dir wachsen.

Damit kommt die Geschichte langsam zum Ende. Wenn du bereit bist, reckst und streckst du dich und öffnest die Augen.

Schneckensalat

Du steigst mit Mieze vom Wolkenschloss in ein Traumland hinunter, an langsam treibenden Wolken vorbei, Stufe um Stufe. Stell dir vor, wie du mit jeder Stufe ruhiger und freudiger wirst.

Die Treppe endet am Waldrand vor einem wackligen Haus. Ein Schild hängt am Torbogen zwischen den Rosen: „Willkommen!", steht darauf. Aber: „Eintritt für Schnecken verboten!", liest Mieze laut vom Schild an der offenen Gartentür.

„Was nun: Willkommen oder verboten?", fragst du.

„Wir sind keine Schnecken", maunzt Mieze königlich und tritt in den Garten. Du folgst ihr.

Im Garten hängt ein weiteres Schild: „Bleibt aus meinem Salat!", liest Mieze. Und gleich daneben: „Hier gibt es nichts für euch zu holen, haut ab!"

In den Salatbeeten tummeln sich Schnecken. „Für die sind die Schilder", schnurrt Mieze. „Aber lesen können sie nicht", sagst du und lachst.

Da öffnet sich die Haustür und eine alte Frau stürmt in den Garten. Genau vor euch steckt sie ein weiteres Schild in die Erde. Sie funkelt euch wütend an, kehrt um und lässt die Haustür laut hinter sich zuknallen. „Lachen verboten!", liest Mieze langsam vor.

Da öffnet sich die Haustür schon wieder. Die Frau stürmt erneut heraus, steckt ein weiteres Schild in den Rasen und verschwindet wieder im Haus. „Ja, ihr, genau euch meine ich, raus hier!", liest Mieze.

Du wunderst dich, denn die Gartentür stand doch offen. Aber wo du nicht willkommen bist, willst du auch nicht bleiben. Ihr geht zum Gartentor. Als ihr an der Haustür vorbeikommt, hört ihr ein lautes Poltern, gefolgt von einem Knall.

„Im Haus stöhnt jemand", schnurrt Mieze und spaziert ungerührt weiter auf das Gartentor zu.

„Wir können nicht einfach gehen", meinst du. „Vielleicht hat sich die Frau etwas gebrochen!"

Mieze lenkt deinen Blick auf die Haustür. „Eintritt verboten!", liest sie laut.

„Trotzdem", sagst du. Das Stöhnen ist lauter geworden. „Du kommst nur weit mit Freundlichkeit." Vorsichtig trittst du ins Haus. Mieze folgt dir.

Im Haus ist ein einziges Durcheinander. Zwischen Schachteln und Müllsäcken liegt die alte Frau. Du hilfst ihr auf einen Stuhl. Sie stöhnt laut.

„Ich glaube, der Fuß ist gebrochen", meint Mieze.

„Wir holen den Arzt", sagst du.

„Telefon habe ich keines, das haben die Schnecken gefressen", schluchzt die Frau. „Alles wollen sie mir nehmen! Nur ihr seid gut!"

„Wir holen besser gleich zwei Ärzte", meint Mieze und macht sich auf den Weg.

Du bleibst und hilfst der alten Frau ins Bett. Dort wird sie ruhiger. Sie erzählt dir von ihrem Garten und wie gern sie ihn hat. „Aber die Schnecken, sie fressen einfach alles auf! Früher sind oft Kinder gekommen. Ich habe ihnen Kuchen gebacken. Wir haben gespielt und gelacht. Aber seit die Schnecken die Schaukel gefressen haben, kommt niemand mehr, und ich bin allein." Ihre Tränen laufen.

Endlich kommt Mieze mit einem Arzt. Während der die Frau untersucht, verabschiedet ihr euch. „Kommt einmal wieder", sagt sie.

Im Gras unter dem Apfelbaum liegen ein gebrochener Ast und eine Schaukel. „Was sie nur mit den Schnecken hat?", fragst du.

„Ich glaube, sie spinnt", sagt Mieze.

„Vielleicht sollten wir wirklich wieder vorbeischauen", sagst du.

„Du kommst nur weit mit Freundlichkeit", schnurrt Mieze.

Ihr geht zur Wolkentreppe zurück. Stufe um Stufe steigt ihr empor. Mit jeder Stufe merkst du, wie du ruhiger wirst.

Im Wolkenschloss legst du dich auf das große blaue Sofa und schließt deine Augen.

Da liegst du – ganz ruhig. Kannst du die Ruhe in dir spüren? Die Ruhe ist überall in dir. – Kannst du spüren, wie schwer du bist? Dein ganzer Körper ist schwer, angenehm schwer. – Kannst du spüren, wie warm du bist? Die Wärme strömt durch deinen ganzen Körper. Du bist warm, angenehm warm. – Dein Atem geht ein und aus, ein und aus, ganz ruhig und gleichmäßig, ganz von allein. – Du bist ruhig, schwer und warm – ruhig, schwer und warm. – So liegst du ein Weilchen und ruhst dich aus. Du ruhst dich aus und spürst die neue Kraft tief in dir wachsen.

Damit kommt die Geschichte langsam zum Ende. Wenn du bereit bist, reckst und streckst du dich und öffnest die Augen.

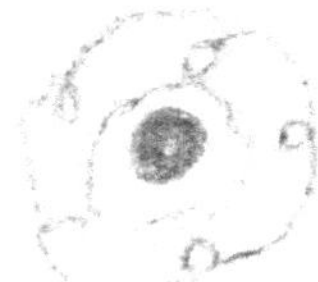

Danke

Wenn ich tanze, wenn ich singe,
bin ich meistens guter Dinge.
Wenn ich schreie, wenn ich zanke,
sagt mir niemand dafür Danke.

Baumeister Stern

Du steigst mit Mieze vom Wolkenschloss in ein Traumland hinunter, an langsam treibenden Wolken vorbei, Stufe um Stufe. Stell dir vor, wie du mit jeder Stufe ruhiger und freudiger wirst.

Die Treppe endet an einem gewaltigen Turm, der frei im Land steht. Viele Menschen haben sich an ihm versammelt, denn der Turm wurde neu erbaut und wird nun gerade eröffnet.

„Seine Staudämme mögen das Land mit Strom versorgen, seine Häuser den Menschen ein schönes Heim bieten, seine Türme bis in den Himmel hinter den Wolken reichen – Baumeister Stern aber ist noch größer als alle seine Werke!", strahlt die letzte Rednerin.

Ein Mann wird zu sprechen gebeten, bescheiden stimmt er schließlich zu. Dir fällt auf, dass er eigentlich ziemlich klein ist.

„Danke, dass ich für die Menschen bauen darf", sagt Baumeister Stern. „Der Himmels-Turm soll für uns alle ein Ort der Schönheit und des Stolzes sein. Hiermit ist er eröffnet!"

Die Menschen jubeln und strömen in den Turm zu den Treppen und Fahrstühlen. Oben muss die Aussicht fantastisch sein.

Du gehst mit Mieze aus dem Gedränge zum See. Zu deiner Überraschung findest du dort den eben noch gefeierten Baumeister. Er sitzt auf dem Bootssteg, lässt die Beine baumeln und schaut über das Wasser.

Als er euch bemerkt, lächelt er und winkt euch zu sich. Mieze geht lieber Mäuse jagen. Du aber setzt dich neben den Baumeister.

„Ich mag das Wasser so sehr", sagt er leise, wie zu sich selbst.

„Aber Wasser ist flüssig, mit ihm kannst du nicht bauen", meinst du.

Der Baumeister lacht. „Vielleicht mag ich es eben deshalb", überlegt er dann laut.

„Aber magst du das Bauen denn nicht?", fragst du verwundert.

„Doch", sagt er fest. „Ich baue für mein Leben gern. Es ist schön, etwas selbst gestalten zu können. Ich plane die Bauten nicht nur, immer lege ich auch selbst mit Hand an. Ich habe Balken gesägt, Mauern gegossen, Ziegelsteine getürmt, Eisen gehämmert. Die Arbeiter haben das meiste getan, fast alles sogar. Aber ein bisschen bin ich immer dabei. So fühlt es sich gut an."

„Und warum magst du dann Wasser besonders, wenn du nichts mit ihm bauen kannst?", fragst du.

„Weil es strömt", sagt der Baumeister. „Weil es sich von nichts in der Welt aufhalten lässt. Am Ende überspült es jeden Damm. – Aber es ist nicht nur das Wasser. Es sind auch die Bäume im Wald", fährt er dann fort, „es sind die Blumen, die Wolken – alles, was frei ist und einfach sich selbst lebt."

Der Baumeister deutet auf das Wasser am Ufer, wo Schilf steht. Du siehst, dass dort eine Ente ihr Nest gebaut hat. „Und auch die freien Vögel bauen – selbst auf dem Wasser", sagt der Baumeister und lächelt.

Über den Hang kommt Mieze zurück. Interessiert betrachtet sie das Nest und die Ente, die hier und da noch einen Halm zurechtzupft. Miezes Füße trippeln zu dir. Aber ihr Blick bleibt immer auf die Ente gerichtet.

„Deine Freundin vermisst dich", sagt der Baumeister und erhebt sich. Er verabschiedet sich und geht langsam zum Turm.

Mieze ist an deiner Seite angekommen. Sie schaut dich an und gähnt.

Es ist spät geworden. Ihr geht zur Wolkentreppe. Stufe um Stufe steigt ihr empor. Mit jeder Stufe merkst du, wie du noch ruhiger wirst.

Im Wolkenschloss legst du dich auf das große blaue Sofa und schließt deine Augen.

Da liegst du – ganz ruhig. Kannst du die Ruhe in dir spüren? Die Ruhe ist überall in dir. – Kannst du spüren, wie schwer du bist? Dein ganzer Körper ist schwer, angenehm schwer. – Kannst du spüren, wie warm du bist? Die Wärme strömt durch deinen ganzen Körper. Du bist warm, angenehm warm. – Dein Atem geht ein und aus, ein und aus, ganz ruhig und gleichmäßig, ganz von allein. – Du bist ruhig, schwer und warm – ruhig, schwer und warm. – So liegst du ein Weilchen und ruhst dich aus. Du ruhst dich aus und spürst die neue Kraft tief in dir wachsen.

Damit kommt die Geschichte langsam zum Ende. Wenn du bereit bist, reckst und streckst du dich und öffnest die Augen.

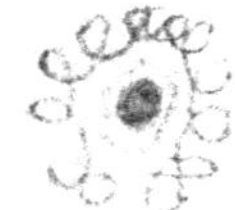

Für den Koch unterwegs

Stell dir vor, du steigst auf der Wolkentreppe langsam zum Wolkenschloss hinauf, Stufe um Stufe. Stell dir vor, wie du mit jeder Stufe ruhiger und freudiger wirst. Schließlich trittst du von der letzten Wolke in den Hof des Schlosses.

Mieze erwartet dich schon. Sie führt dich in die Küche.

Der Drache Fridolin heizt gerade mit einigen Flammenstößen die Kochtöpfe auf.

Der kleine dicke Koch steht vor dem Regal mit den Kräutervorräten und seufzt. Als er euch sieht, hellt sich seine Miene auf.

„Dem Himmel sei Dank, dass ihr kommt!", jubelt er. „Ich brauche unbedingt ein paar Zutaten aus den Traumländern. Wollt ihr sie besorgen?"

„Gerne", schnurrt Mieze.

Der Koch gibt ihr eine Liste. Du nimmst den Korb.

Dann steigt ihr die Wolkenstufen hinab in ein Traumland, Stufe um Stufe, an langsam treibenden Wolken vorbei. Den letzten Schritt setzt ihr auf einen Feldweg zwischen Kornfeldern.

„Wunderbar, Kamille!", schnurrt Mieze und riecht an den Blüten am Wegrand.

Du pflückst eine Handvoll und legst sie in den Korb.

„Willst du die nicht von der Liste streichen?", fragst du Mieze.

„Kamille steht doch gar nicht drauf", schnurrt Mieze. „Ich trinke nur gern Kamillentee." Du pflückst noch ein paar Mohnblumen dazu.

Bald seid ihr im Wald und kommt an ein eigenartiges Haus. Büsche und Bäume sind so ineinander verflochten, dass sie Wände bilden – und sogar ein Dach. Hängender Efeu bildet die Tür. Du streichst ihn zur Seite. Ihr geht hinein.

„Hallo“, begrüßt euch ein Zwerg mit riesiger Brille auf der gleichfalls gewaltigen Nase. „Die besten Sachen musst du selber machen. Alles andere gibt es bei Tatti. Das bin ich. Was wollt ihr denn haben?“

Mieze schaut in ihre Liste. „Als erstes brauchen wir einen Atemzug Glückshauch“, liest sie vor.

„Glückshauch, hm“, der Zwerg legt sein Gesicht in Falten und rückt seine Brille zurecht. „Schwierig.“

„Aber kannst du ihn besorgen?“, fragt Mieze.

„Vielleicht“, antwortet Tatti.

„Eine Blume Fantasie“, liest Mieze weiter vor.

Der Zwerg nimmt ein leeres Glas aus dem Regal und verschließt es. Er schließt die Augen und brummelt vor sich hin. Mieze tut es ihm gleich.

„Gedanken weit und wendig – die Fantasie lebendig“, meinst du zu verstehen und siehst, wie im Glas Farben zu wallen beginnen.

Tatti öffnet wieder die Augen und strahlt euch an. Er öffnet das Glas und nimmt eine Blume heraus. Du legst sie verblüfft in den Korb.

Posten für Posten arbeitet ihr Miezes Liste ab. Manches hat Tatti im Laden. Anderes muss er zusammenmischen. Wieder anderes lässt er besorgen. Mit der Bestellung ‚Honig' schickt er eine Biene in den Wald hinaus. Wenig später kommen tausend Bienen zurück und füllen sein Honigglas.

Zuletzt ist nur noch ein Name auf der Liste übrig. Es ist der erste überhaupt. „Ein Atemzug Glückshauch“, liest Mieze noch einmal vor.

Sie schließt die Augen. Tatti tut es ihr gleich. Erst weißt du nicht, auf was du achten sollst, weil gar kein Glas bereit gestellt ist. Dann fällt dir der Atem der beiden auf. ‚Ein Atemzug', hieß es ja! Du beobachtest, wie sie ein- und ausatmen. Und dann achtest du auf deinen eigenen Atem, wie er einströmt und ausströmt, ein und aus, ganz ruhig und gleichmäßig, ganz von allein.

Mieze und Tatti öffnen die Augen. „Den Atem haben wir immer dabei", schnurrt Mieze. „Aber wir achten nicht drauf. Würden wir das, wären wir glücklicher."

„Ein Atemzug Glückshauch", nickt der Zwerg dazu.

Du nimmst den gut gefüllten Korb, und ihr verabschiedet euch.

Ihr geht durch den Wald und weiter den Feldweg, bis zu den Wolkenstufen. Der Korb scheint beim Aufstieg immer leichter zu werden. Mit jeder Stufe merkst du, wie du ruhiger wirst.

Im Wolkenschloss legt ihr euch auf das große blaue Sofa und schließt die Augen.

Da liegst du – ganz ruhig. Kannst du die Ruhe in dir spüren? Die Ruhe ist überall in dir. – Kannst du spüren, wie schwer du bist? Dein ganzer Körper ist schwer, angenehm schwer. – Kannst du spüren, wie warm du bist? Die Wärme strömt durch deinen ganzen Körper. Du bist warm, angenehm warm. – Dein Atem geht ein und aus, ein und aus, ganz ruhig und gleichmäßig, ganz von allein. – Du bist ruhig, schwer und warm – ruhig, schwer und warm. – So liegst du ein Weilchen und ruhst dich aus. Du ruhst dich aus und spürst die neue Kraft tief in dir wachsen.

Damit kommt die Geschichte langsam zum Ende. Wenn du bereit bist, reckst und streckst du dich und öffnest die Augen.

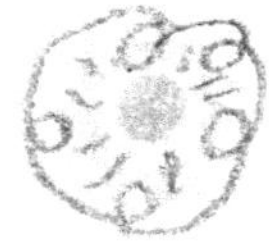

Die Bienen

Wer sammelt den Nektar der Blumen ein?
Das müssen die goldenen Bienen sein.
Draus Honig gemacht, den kauft dann die Mutter,
zum Frühstück schmieren wir ihn auf die Butter.
Das schmeckt! Wir verziehen selig die Mienen
und danken den Bienen.

Der Astronom

Stell dir vor, du steigst mit Mieze vom Wolkenschloss in ein Traumland hinunter, an langsam treibenden Wolken vorbei, Stufe um Stufe. Stell dir vor, wie du mit jeder Stufe ruhiger und freudiger wirst.

Die Treppe endet auf einem Berg. Ihr steht vor einem großen Gebäude mit rundem Dach. Ein Mann schließt gerade das Eingangstor auf. Als er euch sieht, winkt er euch zu: „Besucher! Das ist eine Freude, ich bin hier sonst die ganze Nacht allein, kommt mit!" Er verschwindet im Gebäude.

‚Die ganze Nacht'?, fragst du dich. Tatsächlich, es ist Abend geworden und wird schnell dunkler. Ihr folgt dem Mann.

In einem großen Raum erklärt er euch die Geräte und Bildschirme. „Das ist ein Observatorium, wir schauen in den Weltraum hinaus, suchen nach fernen Planeten."

Er zeigt euch Bilder von den letzten Planeten, die das Observatorium gefunden hat. Viel zu sehen ist nicht, außer etwa, dass alle Planeten rund sind. Und sehr verschwommen.

„Leben dort auch Menschen?", fragst du.

„Wohl nicht", sagt der Astronom. „Und wenn wir je dort hinfliegen sollten, könnten wir auch nicht dort leben. Die Welten sind zu groß, ihre Schwerkraft würde uns erdrücken. Und die Luft lässt sich auch nicht atmen. Und es ist zu kalt oder zu heiß für uns."

„Aber eine Welt, auf der wir leben können, habt ihr doch sicher gefunden?", fragst du.

„Bisher noch nicht", sagt der Mann. „Aber wir suchen."

„Doch, ihr habt", schnurrt Mieze. „Diese Welt hier, unsere Erde."

Der Mann lacht. „Ja", antwortet er dann.

„Obwohl die Luft schlechter wird und jedes Jahr heißer", meinst du.

„Ja", sagt der Astronom. „Das ist ein Problem."

„Aber wenn wir eine Welt doch schon kennen, könnten wir dann nicht auf der gut leben?", fragst du, „und dafür sorgen, dass die Luft wieder besser wird?"

„Das sollten wir allerdings", antwortet der Astronom.

„Um gut zu leben", fährt er nach einer Pause fort, „brauchen die Menschen einen Traum. Willst du nicht dorthin blicken, wo noch niemand war? Etwas tun, was noch keiner getan hat?"

„Doch, schon", antwortest du.

„Das ist so ein Traum, an die Grenze der Welt zu gehen und hinüberzusehen", meint er.

„Zur nächsten Grenze", schnurrt Mieze.

„Zur nächsten Grenze", der Astronom nickt. „Das ist so ein Traum, der Menschen lebendiger macht, mutiger, stärker. Es gibt auch andere Träume. Das ist eben der unsere. Wenn du auch nur einen davon hast, geht alles ein bisschen besser. Dann klappt auch alles besser, was du hier auf unserer Erde tust. Wir träumen einen Traum für die Welt."

Ihr schaut euch die Sterne an. Ihr betrachtet ferne Sterngruppen, die große Leere zwischen den Sternen, die Sternennebel.

Du bist müde geworden im Staunen. „Wir sollten zurück", sagst du schließlich, und ihr macht euch auf.

Du gehst mit Mieze zur Wolkentreppe zurück. Stufe um Stufe steigt ihr empor. Mit jeder Stufe merkst du, wie du ruhiger wirst.

Im Wolkenschloss legt ihr euch auf das große blaue Sofa und schließt die Augen.

Da liegst du – ganz ruhig. Kannst du die Ruhe in dir spüren? Die Ruhe ist überall in dir. – Kannst du spüren, wie schwer du bist? Dein ganzer Körper ist schwer, angenehm schwer. – Kannst du spüren, wie warm du bist? Die Wärme strömt durch deinen ganzen Körper. Du bist warm, angenehm warm. – Dein Atem geht ein und aus, ein und aus, ganz ruhig und gleichmäßig, ganz von allein. – Du bist ruhig, schwer und warm – ruhig, schwer und warm. – So liegst du ein Weilchen und ruhst dich aus. Du ruhst dich aus und spürst die neue Kraft tief in dir wachsen.

Damit kommt die Geschichte langsam zum Ende. Wenn du bereit bist, reckst und streckst du dich und öffnest die Augen.

Mit Schummelfix am See

Stell dir vor, du steigst mit Mieze vom Wolkenschloss in ein Traumland hinunter, an langsam treibenden Wolken vorbei, Stufe um Stufe. Stell dir vor, wie du mit jeder Stufe ruhiger und freudiger wirst.

Die Treppe endet im Zauberwald, im Garten des Hexenhäuschens. Besenstrich pflückt gerade Kräuter für einen Zaubertrank.

„Hallo!", winkt sie euch zu. „Schummelfix ist im Haus und macht Essen. Könnt ihr beiden vielleicht dabei helfen? Es riecht so komisch."

Ihr geht in die Küche. Tatsächlich, das Hexenmädchen schwenkt gerade die Bratpfanne. „Ich geb noch ein paar Regenwürmer dazu", ruft es freudig, als es euch sieht. „Bloß noch einmal in Spucke schwenken ... Ihr esst doch mit, oder?"

„Wir haben schon gegessen", sagst du höflich und würgst.

„Ich nicht", schnurrt Mieze. „Und ich nehm gern die doppelte Portion." Sie leckt sich die Lippen.

Besenstrich kommt aus dem Garten. Sie nickt euch freundlich zu und streut ein paar Kräuter über die Pfanne. Der Inhalt verwandelt sich in ein Pilzgericht.

Besenstrich tischt auf. „Willst du nicht doch etwas?", fragt sie dich. Du presst die Lippen zusammen und schüttelst den Kopf. Obwohl die Pilze wunderbar duften. Aber Mieze hat deine Portion sowieso schon aufgefressen.

Nach dem Essen geht ihr mit Schummelfix an den See. Sie springt auf das Floß, das sie mit ein paar anderen Kindern des Zauberwaldes gebaut hat. Vorsichtig folgst du ihr. Mieze bleibt lieber am Ufer.

Du nimmst eine der langen Stangen, Schummelfix die andere, und ihr stochert hinaus auf das Wasser.

„Mit Zaubersprüchen ginge das leichter“, sagt Schummelfix. „Aber Mutter meint, ich solle mich mehr bewegen.“

„Schön ist es hier“, sagst du.

Ihr setzt euch. Eine bunte Libelle fliegt über das Wasser an euch vorbei.

„Schön ist es hier“, sagt auch Schummelfix.

Ihr wiegt euch im Wiegen des Floßes.

„Ich könnte einen Wirbelsturm zaubern“, sagt Schummelfix. „Dann wäre was los!“

„Besser nicht“, sagst du. „Lass einfach mal gar nichts los sein.“

„Und was machen wir dann?“, fragt Schummelfix.

„Wir schließen die Augen und achten darauf, was es alles gibt“, schlägst du vor.

Als du die Augen geschlossen hast, wird die Welt weiter.

Ihr nennt abwechselnd, was ihr wahrnehmen könnt.

„Vogelstimmen“, sagt Schummelfix.

„Das leichte Schaukeln des Floßes“, sagst du.

„Wind in den Bäumen.“

„Die Kühle des Wassers.“

„Eine Taube gurrt im Wald.“

„Plätschern – von einem springenden Fisch vielleicht.“

„Knackendes Unterholz.“

„Zwischen allem die Stille.“

„Fliegensummen.“

„Die Wärme der Sonne.“

„Mein Atem.“

„Eine Stimme, nämlich die deine“, sagst du.

„Ein knurrender Magen – und das ist deiner“, sagt Schummelfix und lacht.

Ihr öffnet wieder die Augen.

Das Floß ist ans Ufer getrieben. Gerade trabt Mieze aus dem Wald. Ob sie das Knacken im Unterholz war? Oder war es ein Fuchs?

Schummelfix muss noch einiges für die Vorratskammer im Hexenhäuschen besorgen. Du verabschiedest dich.

Mit Mieze schlenderst du zu den Wolkenstufen. Schritt um Schritt steigt ihr auf ihnen höher, zum Wolkenschloss. Mit jeder Stufe merkst du, wie du ruhiger wirst.

Im Wolkenschloss legt ihr euch auf das große blaue Sofa und schließt die Augen.

Da liegst du – ganz ruhig. Kannst du die Ruhe in dir spüren? Die Ruhe ist überall in dir. – Kannst du spüren, wie schwer du bist? Dein ganzer Körper ist schwer, angenehm schwer. – Kannst du spüren, wie warm du bist? Die Wärme strömt durch deinen ganzen Körper. Du bist warm, angenehm warm. – Dein Atem geht ein und aus, ein und aus, ganz ruhig und gleichmäßig, ganz von allein. – Du bist ruhig, schwer und warm – ruhig, schwer und warm. – So liegst du ein Weilchen und ruhst dich aus. Du ruhst dich aus und spürst die neue Kraft tief in dir wachsen.

Damit kommt die Geschichte langsam zum Ende. Wenn du bereit bist, reckst und streckst du dich und öffnest die Augen.

Im Garten der Amseln

Stell dir vor, du steigst auf der Wolkentreppe langsam zum Wolkenschloss hinauf, Stufe um Stufe. Stell dir vor, wie du mit jeder Stufe ruhiger und freudiger wirst. Schließlich trittst du von der letzten Wolke in den Hof des Schlosses.

Der kleine König Ferdinand empfängt dich im Rosengarten. Mieze ist bei ihm, lässt sich von ihm streicheln und miaut dir königlich zu.

„Ach", seufzt König Ferdinand, als du zu ihnen getreten bist, „ich wollte so gern eine Amsel sein!"

„Eine Amsel?", fragst du verwundert.

„Eine Amsel", nickt Mieze und schleckt sich mit der Zunge über das Maul. „Unser König hörte gestern in einem Film Amseln singen", schnurrt sie.

„Und nie hörte ich etwas Schöneres!" König Ferdinand strahlt. „Ich wollte so gern singen können, wie dieser beste Sänger der Welt. Ich wollte mich so gern in die Lüfte erheben und die ersten Sonnenstrahlen bejubeln!", träumt der kleine König weiter, das Gesicht zum Himmel erhoben.

„Könntest du", König Ferdinand blickt dich bittend an, „könntest du vielleicht hinunter in die Welt und eine Amsel fragen, wie ich so gut singe? Vielleicht käme eine von ihnen herauf und gäbe mir Gesangsunterricht? Ich zahle gut – ein Goldstück für jede Strophe!"

Du schaust ihn zweifelnd an, aber sagst zu. „Mieze wird dich begleiten", endet König Ferdinand und seufzt noch einmal.

Ihr steigt die Wolkentreppe hinab und gelangt in den Garten der Amseln.

Die Terrassentür des Hauses steht offen. Mitten auf der Wiese sitzt eine Puppe und blinzelt euch an. „Das ist Prinzessin", knarrt eine Gestalt neben ihr, „und ich bin

Ritter Blech. Willkommen im Garten der Amseln!"

„Ob wir wohl eine der Amseln höchstpersönlich sprechen könnten?", fragt Mieze höflich und leckt sich die Lippen. „Sie singen so schön!"

„Aber sicher", knarrt Ritter Blech. „Wenn sich die Dame Katze derweil hinter den Gartenteich begeben möchte – sonst kommen die Amseln nicht her!"

Enttäuscht schleicht Mieze davon.

Als sie in sicherer Entfernung hinter dem Wasser ist, breitet Prinzessin die Arme aus. Eine Amsel fliegt an und setzt sich auf Prinzessins geöffnete Hand. Du lauschst ihrem Lied.

„Ich darf eine Einladung vom kleinen König Ferdinand überbringen", sagst du. „Er bewundert so sehr euren Gesang. Und so bittet er, dass eine Amsel mit uns hoch zum Wolkenschloss fliegt und ihn singen lehrt."

Die Amsel flötet weiter ihr Lied.

„Der König bezahlt ein Goldstück für jede Strophe", fällt dir noch ein.

Die Amsel singt einfach weiter ihr Lied, schöner und schöner. Dann fliegt sie davon, übern Zaun in den Apfelbaum des Nachbarn.

„Ich glaube, die Amseln machen sich nichts aus Gold", knarrt Ritter Blech. „Vielleicht, wenn du ihr ein paar Mücken oder gar Regenwürmer geboten hättest, wer weiß ... Ich selbst bevorzuge ja Schmieröl", setzt er dazu.

„Woher sollte der kleine König im Wolkenschloss Regenwürmer bekommen?", überlegst du laut.

„Wenn es im Wolkenschloss keine Regenwürmer gibt, können dort die Wunderflöter, die Amseln, nicht leben", knarrt Ritter Blech, „ganz gleich wie viel Goldstücke dein König besitzt."

„Aber sag König Ferdinand dem Kleinen, er kann uns gerne besuchen", flüstert Prinzessin. „Hier singen die Amseln umsonst."

Du versprichst, das auszurichten und rufst Mieze. Ihr macht euch auf den Weg zurück.

Die Wolkenstufen geht es Schritt um Schritt höher, zum Wolkenschloss. Mit jeder Stufe merkst du, wie du ruhiger wirst.

Im Wolkenschloss schaust du nach König Ferdinand – aber er nimmt gerade ein Bad. So legst du dich auf das große blaue Sofa und schließt deine Augen.

Da liegst du – ganz ruhig. Kannst du die Ruhe in dir spüren? Die Ruhe ist überall in dir. – Kannst du spüren, wie schwer du bist? Dein ganzer Körper ist schwer, angenehm schwer. – Kannst du spüren, wie warm du bist? Die Wärme strömt durch deinen ganzen Körper. Du bist warm, angenehm warm. – Dein Atem geht ein und aus, ein und aus, ganz ruhig und gleichmäßig, ganz von allein. – Du bist ruhig, schwer und warm – ruhig, schwer und warm. – So liegst du ein Weilchen und ruhst dich aus. Du ruhst dich aus und spürst die neue Kraft tief in dir wachsen.

Damit kommt die Geschichte langsam zum Ende. Wenn du bereit bist, reckst und streckst du dich und öffnest die Augen.

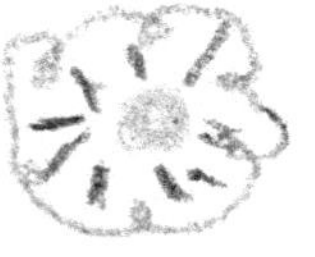

Der blaue Ball

Stell dir vor, du steigst auf der Wolkentreppe langsam zum Wolkenschloss hinauf, Stufe um Stufe. Stell dir vor, wie du mit jeder Stufe ruhiger und freudiger wirst. Schließlich trittst du von der letzten Wolke in den Hof des Schlosses.

Der kleine König Ferdinand erwartet dich ungeduldig, Mieze an seiner Seite.

Mieze hält den Kopf schief und kneift ein Auge zu. ‚Was sie nur hat?‘, fragst du dich. ‚Ob sie mich warnen will? Aber wovor?‘

„Meiner Nichte Esmeralda“, beginnt Ferdinand, „ist beim Spielen ihr blauer Ball die Wolkentreppe hinunter gepurzelt. Nun sitzt sie nur noch da und weint!“

„Das tut mir leid“, sagst du. „Ich könnte nach dem blauen Ball suchen.“

„Das wäre wunderbar“, sagt der kleine König erleichtert. „Wir haben kaum noch Taschentücher, um die Tränen der Prinzessin zu trocknen.“

Du steigst mit Mieze die Wolkentreppe hinab. Sie schaut dich von der Seite an und schüttelt den Kopf.

Ihr sucht in den Wiesen, ihr sucht in den Wäldern, ihr sucht in allen Siedlungen, auf die ihr trefft. Ihr fragt Frauen, Männer, Kinder, Schmetterlinge ... Sogar einen Berg fragt ihr, auf der Welt der Gebirge. Aber er antwortet nicht. Niemand kann euch Nachricht geben, wo der blaue Ball der Prinzessin geblieben ist.

„Mir tun die Pfoten weh“, klagt Mieze.

„Und mir die Füße“, klagst du.

Ein kleines Städtchen, ihr geht durch die Straßen. Hungrig und durstig seid ihr geworden – und mutlos. Die Sonne scheint freundlich, aber ihr seht sie nicht. Nun sucht ihr nur noch nach einem Platz, um zu rasten.

Vor einem Spielzeugladen bleibt ihr stehen. Ihr betrachtet die Auslagen der Schaufenster – und schaut euch an. Jeder hat dieselbe Idee.

„Leider, leider", sagt kurz darauf der Verkäufer im Laden, „einen blauen Ball haben wir nicht. Aber fünf rote."

„Ob wir einen roten Ball kaufen und blau anmalen sollen?", flüsterst du Mieze zu.

„Der Regen wäscht die Farbe ab", flüstert Mieze zurück.

Du nickst und blickst den Verkäufer fest an. „Dann eben einen roten Ball."

„Und eine Packung Taschentücher", setzt Mieze dazu.

Die Wolkenstufen geht es Schritt um Schritt höher, zum Wolkenschloss. Mit jeder Stufe merkst du, wie du ruhiger wirst.

König Ferdinand ist mit seiner Nichte im Rosengarten. Er liest ihr gerade aus einem Buch über die Wolkenberge vor. Als die beiden euch sehen, erheben sie sich.

„Oh, was für ein schöner roter Ball!", jubelt Esmeralda. Du gibst ihr den Ball verlegen. „Er ist eben rot geworden bei der langen Suche", stotterst du und wirst selbst ein bisschen rot dabei. Aber Esmeralda ist schon mit dem Ball in den Hof verschwunden.

„Ich glaube", sagt der kleine König, „sie hat den blauen Ball schon lange vergessen."

Du gibst ihm die Packung Taschentücher, die ihr für Esmeralda mitgebracht habt. Er nimmt eines heraus und schnäuzt sich. „Danke!", sagt er.

Du schaust Mieze an. Mieze schaut dich an. Dann verabschiedet ihr euch vom kleinen König. Ihr legt euch auf das große blaue Sofa und schließt die Augen.

Da liegst du – ganz ruhig. Kannst du die Ruhe in dir spüren? Die Ruhe ist überall in dir. – Kannst du spüren, wie schwer du bist? Dein ganzer Körper ist schwer, angenehm schwer. – Kannst du spüren, wie warm du bist? Die Wärme strömt durch deinen ganzen Körper. Du bist warm, angenehm warm. – Dein Atem geht ein und aus, ein und aus, ganz ruhig und gleichmäßig, ganz von allein. – Du bist ruhig, schwer und warm – ruhig, schwer und warm. – So liegst du ein Weilchen und ruhst dich aus. Du ruhst dich aus und spürst die neue Kraft tief in dir wachsen.

Damit kommt die Geschichte langsam zum Ende. Wenn du bereit bist, reckst und streckst du dich und öffnest die Augen.

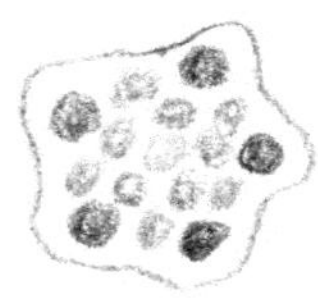

Blauer Ball, roter Ball

Blauer Ball, roter Ball, lass ihn springen!
Oder willst du ein Lied mit mir singen?

Alles, alles will ich machen!
Und bei allem fröhlich lachen!
Wenn dann doch die Tränen mal rinnen,
lass uns weinen – und was Neues beginnen!

Die Hirtin der Ziegen

Stell dir vor, du steigst mit Mieze vom Wolkenschloss in ein Traumland hinunter, an langsam treibenden Wolken vorbei, Stufe um Stufe. Stell dir vor, wie du mit jeder Stufe ruhiger und freudiger wirst.

Die Treppe endet in einem weiten Tal im Gebirge. Da ist ein See. Da sind Wiesen und Hänge voll Wald, die in Fels übergehen, auf denen ganz oben Schnee glänzt. Ihr geht einen Wanderweg am See entlang.

Wer ruft? Du bist stehen geblieben und lauschst. „Ziegen", schnurrt Mieze und schnüffelt an einer Butterblume.

Da siehst du sie auf der Wiese vor euch, sie kommen vom Berghang. Sechs sind es, sieben, acht, sogar neun. Gemütlich laufen sie zu den Häusern vor euch am Weg. Und da springt noch eine Ziege mit ihrem Jungen hinterher.

Vor ihnen geht eine Frau in weiten Gewändern. Sie trägt einen krummen Stab. ‚Das muss die Hirtin sein', denkst du.

Die Sonne scheint angenehm warm. Du hörst das Rauschen des Sees, ab und zu die Stimmen der Ziegen – und einen Klang der Weite, der vielleicht vom Himmel kommt, vielleicht vom See, vielleicht vom Schnee auf den Gipfeln.

Schritt vor Schritt, so kommt ihr an den Häusern des kleinen Dorfs an. Die Ziegen haben sich schon an einem Häuschen versammelt. Da werden sie gemolken. Silberne Kannen voll Milch stehen an einer windschiefen Wand.

Kinder treten aus einem der Häuser und führen die gemolkenen Ziegen zu einer Weide am See.

Die Hirtin ist geblieben. Sie sitzt auf einer Bank vor dem Milchhaus und singt ein Lied ohne Worte. Als sie euch kommen sieht, stellt sie eine Schale voll Milch auf den Boden, für Mieze. Die Hirtin sagt nichts, aber sie lächelt.

Mieze trinkt schweigend. Du betrachtest die Hirtin und freust dich an ihren schönen Kleidern und ihrem zum Kranz hochgesteckten gold-blonden Haar.

Als ihr weitergeht, fragst du Mieze: „Warum so schweigsam?"

„Hast du sie nicht erkannt?", schnurrt Mieze zurück.

Du blinzelst. „Die Ziegenhirtin?", fragst du.

„Das war Kunigunde, die Königin des Wolkenschlosses."

Du blinzelst noch einmal und drehst dich um. Die Bank vor dem Haus ist leer. In der Ferne siehst du die Hirtin am See bei den Ziegen.

„Kunigunde", erzählt Mieze, als ihr weitergeht, „ist selten im Schloss bei den Festen dabei. Viel lieber streift sie durch die Länder der Erde. In vielen Gestalten ist sie unterwegs. In diesem Land als die Hirtin der Ziegen. Hast du den Glanz bemerkt, der über dem See und den Ziegen lag?"

Du schweigst. Alles war dir einfach nur schön vorgekommen. Der See, ja, die Ziegen, die Hirtin, die Kinder. Selbst die armen Häuser des Dorfes.

„Es ist ein Glanz, der auf allen Dingen liegt", schnurrt Mieze, als hätte sie deine Gedanken gelesen. „Er ist immer da, aber nur manchmal nehmen wir ihn wahr."

Ihr geht weiter den See am Weg, jeder in seine Gedanken versunken.

„Wenn der Glanz immer da ist, warum sehen wir ihn dann nur selten?", fragst du nach einer Zeit.

„Das weiß ich nicht", schnurrt Mieze. „Weil wir nicht auf ihn achten. Weil wir immer so viel zu tun haben. Weil wir immer drei Dinge gleichzeitig tun und zehn Dinge betrachten und so nichts richtig sehen."

„Außer manchmal", sagst du.

„Vielleicht ist Kunigunde auch deshalb so gern in den Ländern der Welt unterwegs", schnurrt Mieze. „Sie zeigt den Kindern Steine und Blumen. Sie führt die Ziegen ins Dorf. Sie spricht mit denen, die traurig sind. Sie lächelt. Sie singt gern."

An einer Biegung des Wegs beginnt die Wolkentreppe. Du schaust noch einmal über den See und die Weiden am See. Dann steigt ihr hinauf, die Wolkenstufen Schritt um Schritt höher, zum Wolkenschloss. Mit jeder Stufe merkst du, wie du ruhiger wirst.

Im Wolkenschloss legt ihr euch auf das große blaue Sofa und schließt die Augen.

Da liegst du – ganz ruhig. Kannst du die Ruhe in dir spüren? Die Ruhe ist überall in dir. – Kannst du spüren, wie schwer du bist? Dein ganzer Körper ist schwer, angenehm schwer. – Kannst du spüren, wie warm du bist? Die Wärme strömt durch deinen ganzen Körper. Du bist warm, angenehm warm. – Dein Atem geht ein und aus, ein und aus, ganz ruhig und gleichmäßig, ganz von allein. – Du bist ruhig, schwer und warm – ruhig, schwer und warm. – So liegst du ein Weilchen und ruhst dich aus. Du ruhst dich aus und spürst die neue Kraft tief in dir wachsen.

Damit kommt die Geschichte langsam zum Ende. Wenn du bereit bist, reckst und streckst du dich und öffnest die Augen.

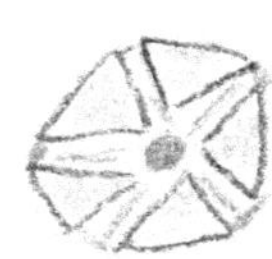

Lied der Ziegenhirtin

Seen am Himmelsrand,
Gräser im weiten Land ...
Folge der Ziegenschar,
singend wird alles klar.

Blumen im grünen Tal,
Berge und Sonnenstrahl ...
Siehst du den Himmelsglanz?
Tanz einen Ziegentanz!

Sing mit den Vögeln, sing!
Drehe am Zauberring ...
Lied wird nun alles um dich.
Singend erst siehst du mich.

Flügelwelt

Stell dir vor, du steigst mit Mieze vom Wolkenschloss in ein Traumland hinunter, an langsam treibenden Wolken vorbei, Stufe um Stufe. Stell dir vor, wie du mit jeder Stufe ruhiger und freudiger wirst.

Die Treppe endet in einer Blumenwiese. In der Wiese stehen Häuser. Straßen oder Wege aber kannst du keine entdecken. Mieze faucht in den Himmel. Du siehst auf: Zwei große Vögel flattern dort von den Feldern her.

Sind das denn Vögel? Mieze hat sich geduckt, hat sich ganz an die Erde gepresst. Auch du spürst, wie dein Herz pocht. Das sind keine Vögel, erkennst du, als die Gestalten näher kommen. Das sind Menschen. Mit Flügeln!

Die beiden landen vor einem der Häuser ganz in der Nähe. Ihr geht hin. Es sind zwei Kinder!

„Hallo, ich bin Theo", sagt der Junge. „Und ich bin Frieda", setzt das Mädchen dazu. Die beiden nehmen ihre Flügel ab.

„Au!", sagst du. „Tut das nicht weh?"

Die beiden lachen. „Die Flügel sind künstlich", sagt Frieda. „Ein integriertes Flugsystem: Influ", sagt Theo.

„So etwas hab ich noch nie gesehen", sagst du.

„Ich auch nicht", schnurrt Mieze.

„Seit wir das in unserer Welt haben, brauchen wir keine Straßen und Autos mehr", sagt Frieda. „Und es macht Spaß", sagt Theo. „Wollt ihr auch mal probieren?"

„Ich kann nicht fliegen", sagst du.

„Ich kann zwar fliegen, mir wird aber immer schwindlig dabei", behauptet Mieze.

Theo hat ihre Antwort kaum abgewartet. Er ist ins Haus und hat noch zwei Flügelpaare geholt. Ihr schnallt sie euch an. Auch die Kinder legen ihre Flügel wieder an.

„Es ist ganz leicht", sagt Frieda. „Ich müsst nur die Arme ausbreiten und daran denken, wie ihr fliegen wollt."

„Die Flügel nehmen eure Gedanken auf und bewegen sich nach ihnen", ergänzt Theo.

„Na gut", meinst du.

Es ist gar nicht so einfach, Mieze zwei Flügel an ihren Vorderpfoten anzulegen. Aber dann ist es doch geschafft. Frieda sagt:

„Am besten schließt ihr die Augen und denkt daran, wie die Flügel euch tragen."

Du probierst das aus – und fühlst dich gleich leichter. Als du die Augen öffnest, schwebst du in der Luft.

Auch Theo und Frieda öffnen die Flügel und steigen auf in den Himmel. Sogar bei Mieze klappt es.

Theo und Frieda zeigen euch ihre Welt.

„Da drüben, das lange, graue Band, war früher die Autobahn", ruft Frieda durch den brausenden Wind der Höhe. „Das war ein Krach! Heute wächst dort Löwenzahn."

„Und auf dem großen Parkplatz vor dem Supermarkt wächst ein Wald", ruft Theo.

Du siehst hinab und siehst tatsächlich ein großes Gebäude mit einem Wäldchen davor. Gerade kommen zwei Erwachsene und einige Kinder aus dem Supermarkt, schnallen ihre großen Rucksäcke fest und steigen auf in den Himmel. „Familieneinkauf", ruft Frieda. Ein Lieferwagen parkt noch am Möbelhaus. Junge Bäume stehen in der Ausfahrt und lassen kein Auto mehr durch.

Vom Möbelhaus siehst du einen Schlafzimmerschrank mit zwei Flügeln in den Himmel aufsteigen, er folgt einem Mann, der ihn gekauft hat.

Du schließt die Augen und achtest nur auf den Wind und das Gefühl der Leichtigkeit. Du spürst eine große Freude in dir.

„Aber Mäuse gibt es hier oben nicht", ruft Mieze. Die Kinder lachen.

„Wir sollten zurück", sagst du schließlich. Ihr landet und verabschiedet euch von Frieda und Theo.

Die Wolkenstufen geht es Schritt um Schritt höher, immer höher, zum Wolkenschloss. Mit jeder Stufe merkst du, wie du ruhiger wirst.

Im Wolkenschloss legt ihr euch auf das große blaue Sofa und schließt die Augen.

Da liegst du – ganz ruhig. Kannst du die Ruhe in dir spüren? Die Ruhe ist überall in dir. – Kannst du spüren, wie schwer du bist? Dein ganzer Körper ist schwer, angenehm schwer. – Kannst du spüren, wie warm du bist? Die Wärme strömt durch deinen ganzen Körper. Du bist warm, angenehm warm. – Dein Atem geht ein und aus, ein und aus, ganz ruhig und gleichmäßig, ganz von allein. – Du bist ruhig, schwer und warm – ruhig, schwer und warm. – So liegst du ein Weilchen und ruhst dich aus. Du ruhst dich aus und spürst die neue Kraft tief in dir wachsen.

Damit kommt die Geschichte langsam zum Ende. Wenn du bereit bist, reckst und streckst du dich und öffnest die Augen.

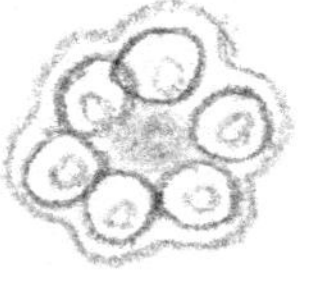

Möbelhaus

Das blaue Buch

Stell dir vor, du steigst auf der Wolkentreppe langsam zum Wolkenschloss hinauf, Stufe um Stufe. Stell dir vor, wie du mit jeder Stufe ruhiger und freudiger wirst. Schließlich trittst du von der letzten Wolke in den Hof des Schlosses.

Mieze erwartet dich schon. Ihr tretet in einen Turm und steigt noch höher, eine gläserne Treppe hinauf. Dieser ganze Turm des Wolkenschlosses steht voll Bücher. Auch auf den Bildschirmen, die es an Stelle der Fenster gibt, siehst du Buchseiten.

Einige Bewohner des Wolkenschlosses suchen in den Regalen nach Büchern. Andere sitzen und lesen. Auch der Drache Fridolin ist dabei. Er sitzt gleich auf zwei Stühlen.

„Willkommen, ich bin Fiona, die Bibliothekarin im Elfenbeinturm", begrüßt euch eine Frau. Sie schließt ihren Bildschirm und steht auf. „Danke, Mieze, dass du auf mein Schreiben so schnell kommst", wendet sie sich an deine Begleiterin.

„Worum geht es denn?", fragt Mieze.

„Ich suche ein Buch", sagt Fiona.

„Du hast schon genug", schnurrt Mieze und blinzelt zu den Regalen ringsum.

„Dieses Buch habe ich nicht", sagt die Bibliothekarin. „Es soll nur noch ein einziges Exemplar geben, und das befindet sich in einem Haus, das heute abgerissen wird. Wir müssen gleich los!" Die Bibliothekarin schnappt sich ihre Handtasche vom Schreibtisch.

Ihr steigt die Wolkenstufen hinab in ein Traumland, Stufe um Stufe, an langsam treibenden Wolken vorbei. Den letzten Schritt setzt ihr auf die Straße einer kleinen Stadt.

Ein Bagger steht vor dem Haus. Gerade ist das Führerhaus leer, die Abbrucharbeiter machen Pause. Zwei Menschen tragen den letzten Sessel vom Haus in einen Laster und fahren davon.

„Kommt", sagt Fiona, „hier soll das Buch sein!"

Die Tür steht offen. Ihr geht in das leergeräumte Haus. Ganz leergeräumt ist es nicht. Was sie brauchen konnten, haben die Bewohner beim Umzug mitgenommen. Was sie nicht mehr wollten, liegt verstreut auf dem Boden.

„Die schönen Sachen!", sagst du, als du eine Spielesammlung entdeckst.

„Die alten Leute ziehen aus ihrem großen Haus in eine kleine Wohnung", sagt Fiona, „da können sie nicht alles mitnehmen. Mir haben sie das Buch versprochen, nach dem ich schon lange suche. Aber wo ist es?"

Ihr wandert jeder für sich durch das Haus. Ein bisschen unheimlich ist dir schon. Du achtest auf deinen Atem, wie er einströmt und ausströmt, ein und aus, ganz ruhig und gleichmäßig, ganz von allein. ‚Mit Mut geht's gut', sagst du tief in dich hinein.

Plötzlich gibt es einen Knall. „Kuckuck, Kuckuck", hörst du rufen. Und wer da schimpft, ist das nicht Mieze? „Alles in Ordnung – ich bin nur über diese komische Uhr gestolpert", faucht sie dann.

Da siehst du ein Bücherregal. Die meisten Bücher sind ausgeräumt, aber einige stehen noch auf den Brettern. „Ein blauer Einband mit silbernen Buchstaben", murmelst du vor dich hin. So hat Fiona das Buch beschrieben. Du gehst die Reihen durch, kannst aber nichts finden.

„Schau – langsam und genau", murmelst du tief in dich hinein und versuchst es noch einmal. Und da ist das Buch! Du ziehst es aus dem Regal und eilst zu den anderen.

„Wunderbar!", freut sich Fiona. Sie blättert einige Seiten auf. Sie schnuppert am Buch. Sie strahlt.

„Dafür lese ich dir jedes Mal, wenn du ins Wolkenschloss kommst, eine Geschichte vor", verspricht sie.

Eigentlich bist du lieber mit Mieze unterwegs. Aber wer weiß? Ihr geht zu den Wolkentreppen zurück. Stufe um Stufe steigt ihr empor. Mit jeder Stufe merkst du, wie du ruhiger wirst.

Im Wolkenschloss legst du dich mit Mieze auf das große blaue Sofa und schließt die Augen.

Da liegst du – ganz ruhig. Kannst du die Ruhe in dir spüren? Die Ruhe ist überall in dir. – Kannst du spüren, wie schwer du bist? Dein ganzer Körper ist schwer, angenehm schwer. – Kannst du spüren, wie warm du bist? Die Wärme strömt durch deinen ganzen Körper. Du bist warm, angenehm warm. – Dein Atem geht ein und aus, ein und aus, ganz ruhig und gleichmäßig, ganz von allein. – Du bist ruhig, schwer und warm – ruhig, schwer und warm. – So liegst du ein Weilchen und ruhst dich aus. Du ruhst dich aus und spürst die neue Kraft tief in dir wachsen.

Damit kommt die Geschichte langsam zum Ende. Wenn du bereit bist, reckst und streckst du dich und öffnest die Augen.

Grünenstein und die Langeweile

Du steigst mit Mieze vom Wolkenschloss in ein Traumland hinunter, an langsam treibenden Wolken vorbei, Stufe um Stufe. Stell dir vor, wie du mit jeder Stufe ruhiger und freudiger wirst.

Die Wolkentreppe endet am Sandstrand einer Insel, die euch bekannt vorkommt. Und da taucht er auch schon auf, der kleine Drache Grünenstein.

„Hallo, hallo", winkt er euch zu und schnaubt ein paar Rauchwölkchen. „Wie schön, dass ihr mal wieder vorbei schneit!"

„Was geht?", fragst du. „Bricht der Vulkan wieder aus?"

„Der ist ganz friedlich", grollt Grünenstein. „Aber ein Piratenschiff wurde gesichtet", setzt er dazu. „Das wird ein Vergnügen!"

„Von wem gesichtet, vom Wetterdienst?", fragst du, „und wann?"

„Von mir, eben jetzt", grollt Grünenstein und deutet mit seiner Pranke hinaus auf das Meer. Tatsächlich, da draußen kämpft ein Segelschiff gegen die Wogen und kommt langsam näher.

„Ich sehe nichts von hier unten", maunzt Mieze. Grünenstein hebt sie hoch, damit sie einen besseren Ausblick hat.

„Sie schaffen es gegen die Brandung – prima", grollt Grünenstein.

Da sausen ein paar Schatten vom Vulkan in den Himmel. „Opa Fauchenstein und seine Kegelrunde", grollt Grünenstein. „Dass die nie warten können!"

Die Drachen schwingen über das Meer Richtung Piratenschiff. Das hat die Gefahr erkannt. Es wendet und nimmt Kurs auf den Horizont. Bald ist es in der Weite verschwunden. Die Drachen kehren um, zurück zum Vulkan.

„Schade!“ Grünenstein ist enttäuscht. „Gar nichts los. Mir ist langweilig.“

„Wenn nichts los ist, machen wir eben selbst etwas“, sagst du. „Die besten Sachen kannst du nur selber machen.“

„Aber was machen und wie?“, fragt Grünenstein.

„Alles ist gut – irgendwas“, sagst du.

„Wir könnten Mäuse fangen“, schnurrt Mieze.

„Ich weiß ein Spiel“, sagst du. „Jeder sagt eine Farbe.“

„Grau wie eine Maus“, schnurrt Mieze.

„Schwarz wie die Augenklappe eines Piraten“, grollt Grünenstein.

„Blau wie der Himmel“, sagst du.

„Aber der Himmel ist rot, wenn der Vulkan Feuer speit“, widerspricht Grünenstein. „Dann ist was los!“

Du seufzt. „Was machst du denn, wenn gar nichts los ist?“, fragst du.

Grünenstein überlegt. „Ich lausche den Wellen des Meeres“, sagt er. „Und dann rieche ich das Meer, das Salz in der Luft, die Frische, die Kraft ...“

„Wenn nicht los ist, ist eigentlich viel mehr los, als wenn etwas los ist“, schnurrt Mieze. „Weil ich mehr rieche – und höre – und sehe.“

„Eben das, was man sonst nicht riecht und hört und sieht, weil es klein und bescheiden ist“, meint Grünenstein.

„Wie schön, dann einmal Zeit für das Stille zu haben“, sagst du.

„Bis der Vulkan wieder ausbricht!“, grollt Grünenstein.

Ihr lauscht noch ein wenig dem Meer.

Es ist spät geworden – und es war schön, obwohl gar nichts los war. Oder eben deshalb. Ihr verabschiedet euch von Grünenstein und geht zur Wolkentreppe zurück. Stufe um Stufe steigt ihr empor. Mit jeder Stufe merkst du, wie du ruhiger wirst.

Im Wolkenschloss legt ihr euch auf das große blaue Sofa und schließt die Augen.

Da liegst du – ganz ruhig. Kannst du die Ruhe in dir spüren? Die Ruhe ist überall in dir. – Kannst du spüren, wie schwer du bist? Dein ganzer Körper ist schwer, angenehm schwer. – Kannst du spüren, wie warm du bist? Die Wärme strömt durch deinen ganzen Körper. Du bist warm, angenehm warm. – Dein Atem geht ein und aus, ein und aus, ganz ruhig und gleichmäßig, ganz von allein. – Du bist ruhig, schwer und warm – ruhig, schwer und warm. – So liegst du ein Weilchen und ruhst dich aus. Du ruhst dich aus und spürst die neue Kraft tief in dir wachsen.

Damit kommt die Geschichte langsam zum Ende. Wenn du bereit bist, reckst und streckst du dich und öffnest die Augen.

Langeweile

Langeweile, Langeweile,
warum hast du keine Eile?

„Dass du auch die stille Welt
hören kannst, den Stern, der fällt.
Dass du selber etwas malst
und dann strahlst."

Im Land der Schmetterlinge

Stell dir vor, du steigst mit Mieze vom Wolkenschloss in ein Traumland hinunter, an langsam treibenden Wolken vorbei, Stufe um Stufe. Stell dir vor, wie du mit jeder Stufe ruhiger und freudiger wirst.

Schon auf der letzten Wolkenstufe seht ihr sie. Und als ihr von der Stufe hinein in die Wiese tretet, umflattern sie euch: Schmetterlinge, weiße, gelbe, bunte, blaue, große, kleine ... Es scheint fast, als hätten die Blumen der Wiese sich in den Himmel aufgemacht und tanzen gelernt.

Du singst ein altes Schmetterlingslied ...

Viele Füße, kleine Füße,
eine Raupe kriecht heran.
Hier ein Blättchen, da ein Blättchen,
frisst, was sie nur fressen kann.

Und dann spinnt sie, ja, dann spinnt sie,
spinnt sich ganz in Seide ein.
Drinnen ruht sie, lange ruht sie.
Kann das noch die Raupe sein?

Und dann platzt sie, platzt die Schale.
Und was kriecht denn da heraus?
Keine Raupe, keine Raupe.
Sag, was kriecht aus diesem Haus?

Hat die Blumen wohl gerochen,
faltet seine Flügel auf,
schlägt jetzt mit den bunten Flügeln,
fliegt jetzt in den Himmel rauf.

Schlag die Flügel, schlag die Flügel,
flieg im warmen Sonnenlicht.
Siehst du meine bunten Flügel?
Eine Raupe bin ich nicht.

Schmetterling, Schmetterling,
Schmetter-, Schmetter-, Schmetterling!
Schmetterling, Schmetterling,
Schmetter-, Schmetter-, Schmetterling!

„Deine Raupe kannst du behalten", schnurrt Mieze, „aber die Schmetterlinge sehen lecker aus." Sie leckt sich über die Lippen und schlägt mit der Tatze nach einem bunten Großen – und verfehlt ihn. Noch ein paar Mal versucht sie es mit der Tatze. Aber so unbeholfen der Flug der Schmetterlinge auch aussieht, immer können sie ausweichen.

Vielleicht, überlegst du, weichen die Schmetterlinge gar nicht aus, sondern Miezes Tatze wirbelt sie fort. Aber das sagst du nicht laut, um Mieze nicht auf dumme Gedanken zu bringen. Denn einfach nur hinsetzen, in aller Ruhe, und das Maul aufreißen – da flöge sicher der eine oder der andere Schmetterling hinein.

„Lass sie doch in Ruhe!", sagst du stattdessen.

Und wirklich gibt Mieze nach ein paar weiteren Tatzenschlägen enttäuscht auf.

„Verwandeln sich Raupen wirklich in Schmetterlinge?", fragt sie.

„Erst ist da ein Schmetterlings-Ei, daraus schlüpft eine Raupe, die spinnt sich in einen Kokon ein und hängt eine Weile an einem Blatt – und daraus schlüpft dann der Schmetterling", bestätigst du.

„Das klingt wie ein Wunder", schnurrt Mieze.

„Ist es auch", behauptest du.

„Wir sind umgeben von Wundern." Mieze seufzt. Etwas Leckeres zu essen, fände sie sicher auch wunderbar. Aber sie beobachtet die Schmetterlinge nur noch und schlägt nicht mehr nach ihnen.

Die Zeit ist wundersam verstrichen, ihr müsst zurück. Die Schmetterlinge tanzen für euch bis zur Wolkentreppe. Schon nach der ersten Stufe bleiben sie zurück.

Die Wolkentreppe geht es Schritt um Schritt höher, immer höher, zum Wolkenschloss. Mit jeder Stufe merkst du, wie du ruhiger wirst.

Im Wolkenschloss legt ihr euch auf das große blaue Sofa und schließt die Augen.

Da liegst du – ganz ruhig. Kannst du die Ruhe in dir spüren? Die Ruhe ist überall in dir. – Kannst du spüren, wie schwer du bist? Dein ganzer Körper ist schwer, angenehm schwer. – Kannst du spüren, wie warm du bist? Die Wärme strömt durch deinen ganzen Körper. Du bist warm, angenehm warm. – Dein Atem geht ein und aus, ein und aus, ganz ruhig und gleichmäßig, ganz von allein. – Du bist ruhig, schwer und warm – ruhig, schwer und warm. – So liegst du ein Weilchen und ruhst dich aus. Du ruhst dich aus und spürst die neue Kraft tief in dir wachsen.

Damit kommt die Geschichte langsam zum Ende. Wenn du bereit bist, reckst und streckst du dich und öffnest die Augen.

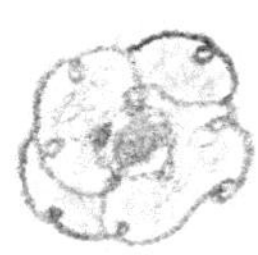

Kapitän Sturm

Stell dir vor, du steigst auf der Wolkentreppe langsam zum Wolkenschloss hinauf, Stufe um Stufe. Stell dir vor, wie du mit jeder Stufe ruhiger und freudiger wirst. Mit der letzten Wolke trittst du in den Hof des Schlosses. Mieze erwartet dich schon und führt dich zu einer hölzernen Tür.

Mieze klopft. „Herein, die Tür steht offen", dröhnt eine tiefe Stimme. Ihr spaziert in die Wohnung.

So etwas hast du im Wolkenschloss noch nicht gesehen. An den Wänden hängen Landkarten, Fischernetze, Muscheln und ausgestopfte Fische. Sogar ein Schwertfisch ist dabei.

Im Wohnzimmer stellt ein breiter Mann Tassen auf den Tisch. „Setzt euch", brummt er. „Der Tee ist gleich fertig."

Stühle sind keine zu sehen. Nur ein großer Sessel, in den sich der Mann plumpsen lässt. Und eine Truhe, auf der eine dicke Decke liegt. „Nur zu, hier auf die Schatzkiste!", ermuntert euch der Mann. Ihr setzt euch.

„Ich bin Kapitän Sturm", wendet er sich an dich. Du sagst deinen Namen.

„Wir kennen uns ja", brummt der Kapitän zu Mieze. „Wird Zeit, dass du deinen Besuch einmal mitbringst. Du weißt, mein Tee ist der beste!"

„Vor allem deine Geschichten", schnurrt Mieze.

„Woher haben Sie denn Ihren Namen?", fragst du neugierig.

„Oh, von meinem Vater", lacht Kapitän Sturm. „Und der hat ihn von seinem Vater, der auch zur See fuhr. – Obwohl ich mir den Namen oft genug verdient habe", fährt er fort und streicht sich über den weißen Bart.

Er gießt euch Tee ein. In seine eigene Tasse kommt noch ein ordentlicher Schuss Rum. Dann streicht sich Kapitän Sturm noch einmal über den Bart und schließt die Augen.

„Das erinnert mich an eine Fahrt mit der Trubeldatt durch den indischen Ozean", beginnt er. „Seit Wochen regte sich kein Lüftchen, die Segel hingen schlapp herab. Kein Land in Sicht. Die Vorräte gingen langsam zur Neige, vor allem das Wasser. Und um uns ein ganzes Meer aus Wasser – aber Salzwasser, das kein Kanarienvogel trinken kann", brummt Kapitän Sturm.

„Und was habt ihr gemacht?", fragt Mieze.

„Zum Glück hatten wir einen Vorrat schnell wachsendes Himmelskraut dabei. Davon steckten wir eine Bohne in einen Pflanzenkübel auf dem Deck und gossen kräftig. Denn Himmelskraut gedeiht mit Salzwasser sogar besonders gut.

Fast sofort wuchsen Blätter. Auf jedes Blatt stellte sich ein Matrose, unser Wolkentrupp. Ich ging als Kapitän mit gutem Beispiel voran. Die anderen gossen und gossen – und das Himmelskraut wucherte in den Himmel hinein. Und nahm uns mit.

Hoch oben fingen wir mit unseren Seilen ein paar Wolken ein und zogen sie über das Schiff. Bald regnete es in Strömen, und wir konnten unseren Durst löschen.

Aber der Wind, der dadurch aufgekommen war, wurde so stark, dass sogar das Himmelskraut ins Schwanken kam. Wir verloren das Gleichgewicht, plumpsten von Blatt zu Blatt und landeten endlich mit einigen blauen Flecken auf dem Deck unserer Trubeldatt."

Der Kapitän setzt sein Teeglas hart ab. Dann fährt er fort: „Der Sturm blies den ganzen Tag und die ganze Nacht durch. Am nächsten Morgen landeten wir in Afrika. Dort wurden wir sofort als Piraten festgenommen und in eine winzige Zelle gesperrt. Aber das ist eine andere Geschichte."

Der Tee ist kalt geworden. Mieze erhebt sich. Auch du stehst auf. „Kommt wieder einmal vorbei", verabschiedet Kapitän Sturm euch.

„Ein Blatt vom Himmelskraut", sagt er zu dir, als du ein riesiges Pflanzenblatt über der Wohnungstür betrachtest. „Ich glaube sogar, das ist jenes, auf dem ich damals selbst stand." Er zwinkert.

Du gehst mit Mieze über den Hof des Wolkenschlosses.

„Ob die Geschichte stimmt?", fragst du.

„Ich war nicht dabei", schnurrt Mieze königlich. „Aber das Zuhören war schön!"

„Ja", sagst du.

Ihr legt euch auf das große blaue Sofa und schließt die Augen.

Da liegst du – ganz ruhig. Kannst du die Ruhe in dir spüren? Die Ruhe ist überall in dir. – Kannst du spüren, wie schwer du bist? Dein ganzer Körper ist schwer, angenehm schwer. – Kannst du spüren, wie warm du bist? Die Wärme strömt durch deinen ganzen Körper. Du bist warm, angenehm warm. – Dein Atem geht ein und aus, ein und aus, ganz ruhig und gleichmäßig, ganz von allein. – Du bist ruhig, schwer und warm – ruhig, schwer und warm. – So liegst du ein Weilchen und ruhst dich aus. Du ruhst dich aus und spürst die neue Kraft tief in dir wachsen.

Damit kommt die Geschichte langsam zum Ende. Wenn du bereit bist, reckst und streckst du dich und öffnest die Augen.

Ein Stein für den König

Du steigst mit Mieze vom Wolkenschloss in ein Traumland hinunter, Stufe um Stufe, an langsam treibenden Wolken vorbei. Stell dir vor, wie du mit jeder Stufe ruhiger und freudiger wirst.

„Der kleine König Ferdinand hat Geburtstag", schnurrt Mieze königlich, während ihr steigt. „Das ganze Schloss bereitet heimlich ein Fest vor. Am meisten wünscht sich der König einen Stein."

„Einen Edelstein?", fragst du.

„Ein besonderer Stein ist es allerdings", schnurrt Mieze geheimnisvoll. „Vielleicht finden wir ihn am Fluss."

Endlich seid ihr am Fuß der Wolkentreppe angekommen. Sie endet gerade am Ufer eines ruhig und breit dahin strömenden Flusses.

„Weißt du vielleicht, wo wir einen Stille-Stein finden?", fragt Mieze eine Ente auf den Wellen.

„Immer gerade vor eurer Nase", pfeift die Ente und taucht ihren Hals in die Fluten.

Steine liegen viele im Sand. „Vor deiner Nase oder vor meiner?", fragst du Mieze.

„Nimm einen Stein in die Hand, halt ihn fest und schließ die Augen", schnurrt Mieze. „Und versuch, ob du im Stein Stille spüren kannst. Manchmal ist sie wie ein Licht, manchmal hat sie eine besondere Farbe oder etwas wie eine ruhige Musik."

Du suchst dir einen Stein nach dem anderen und probierst.

„Stille kann ich in allen Steinen spüren", sagst du schließlich. „Im einen mehr, im anderen weniger."

„Wenn du spürst, dass du selbst ruhig und klar wirst, dann hältst du einen Stille-Stein für den König", schnurrt Mieze.

Ihr schweigt ein Weilchen und forscht in den Steinen im Sand nach der Stille, jeder für sich.

Plötzlich tritt ein Bär aus dem Wald an das Flussufer. Nicht weit von euch tritt er ins flache Wasser.

Du spürst, wie dein Herz pocht. Du umklammerst den Stein in deiner Hand und sagst tief in dich hinein „Mit Mut geht's gut." Du spürst die Ruhe im Stein – und in dir. Und du spürst die Kraft in der Ruhe. Das ist dein Stille-Stein, du weißt es gewiss!

Mieze faucht den Bären königlich an. Der schaut nur einmal kurz zu euch und wendet sich dann wieder ab. Die Lachse im Fluss sind ihm lieber.

Du siehst, wie er ein paar Mal nach Fischen schnappt. Aber immer entkommen sie ihm.

Ihr geht zu den Wolkentreppen zurück. Deinen Stille-Stein nehmt ihr mit. Stufe um Stufe steigt ihr empor. Mit jeder Stufe merkst du, wie du ruhiger wirst.

Im Hof versammeln sich die Bewohner des Schlosses. Den Koch siehst du, die Bibliothekarin Fiona, den Drachen Fridolin, Esmeralda, auch Kapitän Sturm ist dabei. Und soeben tritt auch die Königin ein, Kunigunde. Und viele, die du noch nicht kennst.

Der kleine König Ferdinand steht in ihrer Mitte und nimmt Glückwünsche und Geschenke entgegen. Auch ihr tretet zu ihm und überreicht ihm den Stille-Stein.

Der kleine König strahlt. „Wunderbar", sagt er. „Einen Stille-Stein habe ich mir schon immer gewünscht."

Der Stein bekommt einen besonderen Platz auf dem Geschenke-Tisch.

Bis zum Fest ist noch Zeit. Du legst dich mit Mieze auf das große blaue Sofa und schließt die Augen.

Da liegst du – ganz ruhig. Kannst du die Ruhe in dir spüren? Die Ruhe ist überall in dir. – Kannst du spüren, wie schwer du bist? Dein ganzer Körper ist schwer, angenehm schwer. – Kannst du spüren, wie warm du

bist? Die Wärme strömt durch deinen ganzen Körper. Du bist warm, angenehm warm. – Dein Atem geht ein und aus, ein und aus, ganz ruhig und gleichmäßig, ganz von allein. – Du bist ruhig, schwer und warm – ruhig, schwer und warm. – So liegst du ein Weilchen und ruhst dich aus. Du ruhst dich aus und spürst die neue Kraft tief in dir wachsen.

Damit kommt die Geschichte langsam zum Ende. Wenn du bereit bist, reckst und streckst du dich und öffnest die Augen.

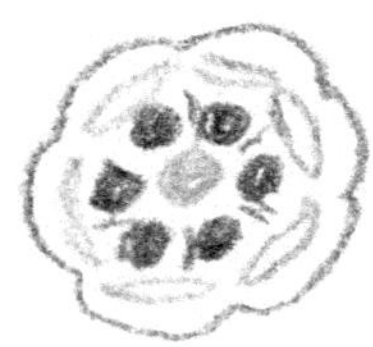

Zu Buch und Autor

Buch

Dieses Buch enthält eine Serie von Entspannungsgeschichten sowie eine Einführung dazu. Die 25 Geschichten vom Wolkenschloss eignen sich gut für das Vorschul- und Grundschulalter. Die Geschichten können als eigenständige Entspannung vorgetragen werden. Sie können aber auch an das Autogene Training oder die Progressive Muskelrelaxation für Kinder angehängt werden.

Entspannungsgeschichten sind eine ausgezeichnete Weise zur Ergänzung oder zur eigenständigen Durchführung einer Entspannung. Kinder und Erwachsene lieben sie und fördern mit ihnen ganz nebenbei Ruhe, Konzentration, Resilienz.

Die Illustrationen im Buch unterstützen das Lesen. Es gibt sie in Farbe zum Betrachten und Herunterladen auch auf www.Entspannung-plus.de/Wolkenschloss

Edition *Blaue Felder*,
Volker Friebel, Denzenbergstraße 29, 72074 Tübingen
(Deutschland)
www.Blaue-Felder.de

Texte, Bilder und Gestaltung: Volker Friebel
ISBN 978-3-96039-027-5 (PapierBuch)
ISBN 978-3-96039-028-2 (eBuch, epub-Format)
Veröffentlichung: August 2019

Autor

Volker Friebel ist promovierter Psychologe und Verfasser von Veröffentlichungen mit den Spezialgebieten Entspannung, Gesundheit, Sprache und Musik sowie Texten literarischer Art. Er arbeitet als Ausbildungsleiter, Schriftsteller, Bildermacher und Musiker. Er lebt in Tübingen.

Kontakt: Post@Volker-Friebel.de
www.Volker-Friebel.de

Netz-Präsenz

Weitere Materialien zur Entspannung für Kinder und zu verwandten Themen finden sich auf www.Entspannung-plus.de. Dort wird auch eine Ausbildung zur Entspannungspädagogik für Kinder angeboten, die allen pädagogischen Mitarbeitern oder in diesem Bereich selbstständig Tätigen sehr empfohlen werden kann. Zudem gibt es für Eltern Online-Angebote zur Entspannung für Kinder. Und noch einiges mehr.

Bücher und Tonträger

Auf www.Blaue-Felder.de finden sich Bücher und Tonträger des Autors rund um das Thema Entspannung. Hervorgehoben seien folgende:

Friebel, Volker (2017): Tanz um die Quelle. Meditative Tänze mit Kindern. Mit Traumreisen, Geschichten, Spielen und Liedern. Buch mit Zugängen zu den 12 Musikstücken der Tänze sowie zu Tanzvideos. Edition *Blaue Felder*, Tübingen.

Friebel, Volker (2016): Im Garten der Amseln. Traumreisen für Kinder. Edition *Blaue Felder*, Tübingen.

Friebel, Volker (2015): Mit Traumreisen durch das Jahr. 60 Entspannungsgeschichten für Kinder. Edition *Blaue Felder*, Tübingen.

Friebel, Volker (2015): Kinder entdecken Ruhe und Langsamkeit. Spielerisch fördern wir Genauigkeit, Konzentration und Kreativität. Edition *Blaue Felder*, Tübingen.

Friebel, Volker (2014): Trance-Geschichten für Kinder – Ruhe und Kraft, Mut, Selbstbeherrschung, Leichtigkeit und Freude, Konzentration, Schlaf: Sechs thematische Sammlungen. Edition *Blaue Felder*, Tübingen.

Friebel, Volker (2012): Geschichten, die Kinder entspannen lassen. Spielerisch Ausgeglichenheit und Konzentration fördern. Edition *Blaue Felder*, Tübingen.

Friebel, Volker (2013): Traumreisen für Kinder. Ökotopia, Aachen.

Friebel, Volker (2012): Das Anti-Stress-Buch für den Kindergarten. Entspannungspädagogik für Kinder und Erzieher/innen. Auch für die ersten Grundschuljahre geeignet. Beltz, Weinheim.

Friebel, Volker & Sabine Friedrich (2011): Entspannung für Kinder. Stress abbauen. Konzentration fördern. Rowohlt Taschenbuch, Reinbek. *Eine umfassende Neube-*

arbeitung unseres erstmals 1989 erschienenen Buchs, die insgesamt 18. Auflage; derzeit nur als eBuch.

Friebel, Volker (2011): Zur Ruhe. Entspannungs-CD. Edition *Blaue Felder,* Tübingen.

Friebel, Volker (2011): Zur Konzentration. Entspannungs-CD. Edition *Blaue Felder,* Tübingen.

Friedrich, Sabine & Volker Friebel (2011): Kindern Mut machen – Hilfe bei Schüchternheit und Ängsten. Balance-Verlag, Köln.

Einige Figuren der „Entspannungsgeschichten vom Wolkenschloss" gibt es auch in anderen Büchern des Autors. Schummelfix und Grünenstein sind die Hauptfiguren in den „Geschichten, die Kinder entspannen lassen" (2012). Grünenstein hat außerdem eine eigene Geschichtenserie in „Das Anti-Stress-Buch für den Kindergarten" (2012).